ほろ酔いばなし

酒の日本文化史

横田弘幸

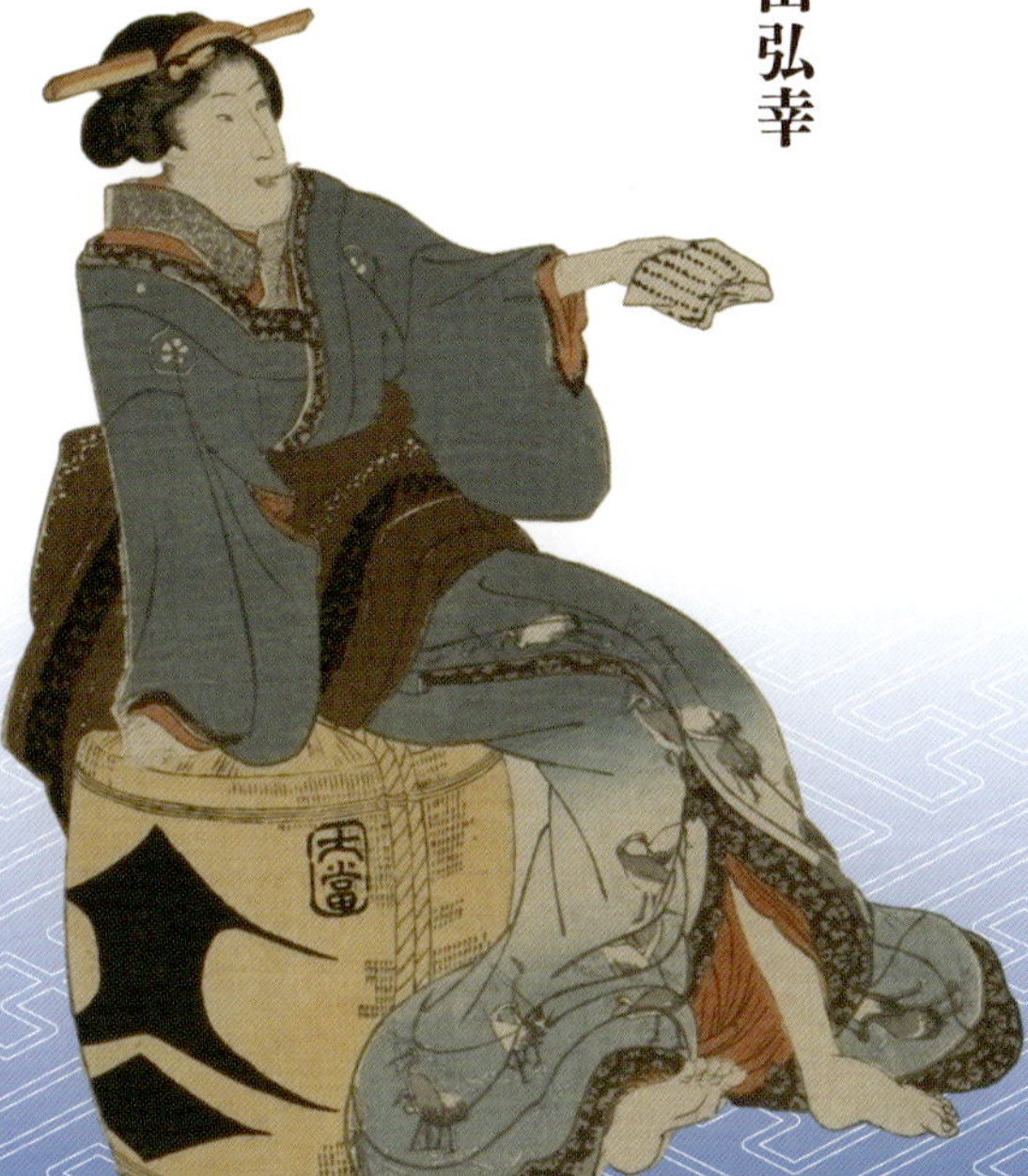

敬文舎

ほろ酔いばなし

酒の日本文化史

横田弘幸

敬文舎

—扉写真—
歌川国芳「艶姿十六女仙」より
アドミュージアム東京

—写真協力—
足立区立郷土博物館
アドミュージアム東京
伊佐市教育委員会
井戸尻考古館
石川県埋蔵文化財センター
京都市埋蔵文化財研究所
群馬県立歴史博物館
沢の鶴株式会社
公益社団法人沼津牧水会
福岡市埋蔵文化財センター
松江観光協会玉造温泉支部
（五十音順）

—デザイン—竹蔵明弘
—地図作成—蓬生雄司

もくじ――酒の日本文化史

第3章 都の酒、鄙の酒……71

第4章 武家の酒、争いの酒

第7章 酒の今……205

[注意書き]
お役所言葉で「日本酒」とは、日本国内産のコメだけを使って、日本国内で製造された清酒のことを言います。しかし、本書では一般的な名称として「日本酒」を使用します。文中に引用する古文は必要に応じて、わかりやすく改変しています。

まえがき

昭和時代、飲み屋のメニューに書かれた日本酒は、「酒」の一文字。置いてあるのは大手酒造会社の一種類だけだった。だから注文も簡単。「熱燗《あつかん》ね」とか、「冷《ひ》やで」とか、温度を注文するだけだった。

もちろんビールも単に「ビール一本」。注文は本数のみ言えばよく、銘柄なんて聞かれもしないし、指定もできない。一種類しか置いてないのだから。

夏目《なつめ》漱石《そうせき》の小説『二百十日』には、こんな小話のようなやりとりが出てくる。阿蘇の宿屋で主人公が「姉さん、ビールもついでに持ってくるんだ。玉子とビールだ」と注文。すると、その姉さんはこう答えた。

「ビールはございまっせん」「ビールはございませんばってん、恵比寿《えびす》ならございます」

これは明治時代の話。でも、複数の銘柄の酒やビールを用意するという商いは、東京においてもその後、長く実現しなかったと思う。それが少しずつ変化したのは、昭和四〇年代後半からの「地酒ブーム」がきっかけだっただろう。

このなかで、ついにわが日本の呑兵衛《のんべえ》たちも、地方には、じつはいろいろな旨い酒がありそうだ、ということに気付きはじめたのだ。東京には紹介されていないが、地元の愛飲家向けにていねいに造られた酒、それを探すのが楽しみだという人も増えていった。

そうなると、店も用意する酒を増やすしかない。増やさなければ客が納得しなくなったのだ。

そんなころから、店のメニューに並ぶ各地の酒の名前を、熱心に見つめる客の姿が目立つようになってきた。どこかに、気付かないまま見落としてきた名酒があるはずだ、と信じていたのだろう。酒飲みの〝見果てぬ夢〟の始まりだった。

昨今、大きな冷蔵庫に各地の酒の一升ビンを多数置いている居酒屋も少なくない。飲み放題の店でも、複数の日本酒をリストに並べていたりする。

日本酒は完全に選択の時代に入っている。

にもかかわらず、飲み手の知識は昭和の単品主義の時代からあまり変化がないようだ。これでは、無手勝流で〝見果てぬ夢〟の続きを見つづけるしかない。

日本には、二〇〇〇年以上にわたる酒文化がある。本書はこの列島の歴史のなかで、日本の酒がどのようにして生まれ、どう洗練されてきたのかを探る。酒をめぐる人・モノ・発見にスポットをあて、誇るべき美酒の歴史と、さらには残念な日本酒離れにも目を向けたい。

知らずして選ぶのか、知ったうえで選ぶのか。本書が選択の時代に生きる呑兵衛の一般教養となるのなら、筆者として望外の喜びである。

そして、その教養が酒席の〝肴〟のもう一品となれば、もはや言うことはない。

第1章 日本の酒前史

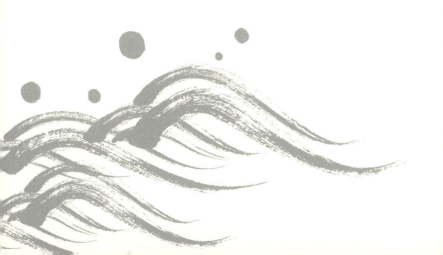

縄文人も飲んでいた

縄文人が酒を造り、飲んでいたという有力な証拠が、長野県富士見町の井戸尻《いどじり》考古館にある。「縄文の酒樽」だ。

八ヶ岳南麓の同町周辺から山梨県にかけての地域には、今から四、五千年前の縄文時代中期、多数の人びとが居住し、独特の文化を花開かせていたとされる。それを物語るのが、長野県茅野《ちの》市で出土した国宝「縄文のビーナス（土偶《どぐう》）」であり、この〝酒樽土器〟なのだ。

考古館の展示ケースを覗《のぞ》くと、ふつう思い浮かべる縄文土器とはやや趣《おもむき》の異なる形の土器が並んでいる。高さ三〇数センチ。上部の縁《へり》は飾り気なく、まっすぐに立ち上がり、縁の下には帽子の鍔《つば》のような出っ張りが周囲にめぐらされている。そして、鍔のすぐ上に十数個の小さな穴が開けられている。

穴があって、鍔《つば》がついているから、名付けて「有孔鍔付土器《ゆうこうつばつき》」。この種の土器の特異性に、地元の考古学者・藤森栄一《ふじもりえいいち》氏がはじめて目を向けたのは、昭和三三年（一九五八）のことだった。

藤森氏が著書『縄文農耕』（学生社）に書いている。

「（出土した土器を）細かく観察しながら、ふと一つの不審なことに気付いた」。土器の口縁部に並んでいる小穴のことだ。

「補修孔ではないし、装飾としては小さすぎるし、これは一体何だろう」

半人半蛙文有孔鍔付土器　縄文の酒樽ともいわれる。胴体部分にカエルにも似た図像が浮かぶ。長野県富士見町の藤内遺跡から出土。高さ52センチ。重要文化財　井戸尻考古館

藤森氏は、もうひとりの研究者とともに、各地の同種の土器の出土例を調査した。その結果、長野・山梨だけでなく、富山・新潟・東京・神奈川・福島などの縄文中期の大きな遺跡からも、ごく少数だが発見されていることがわかった。

直立した口縁部と小穴の存在

井戸尻考古館　多数の土器や石器などを展示、八ケ岳山麓に花開いた縄文文化を知ることができる。隣接の史跡公園には復元家屋なども。長野県富士見町

が共通しているうえ、その穴も上から斜め下に向かって、外側から刺し貫かれている。また、いずれの土器も、内と外が天然の樹脂のようなもので黒色または赤色に塗られ、煮炊きに使われたとは考えにくかった。

「縄文中期には農耕が行われていた」が長年の持論だった藤森氏。「これは種子の貯蔵用の土器だったのでは」と考えた。

これに対し、「ずばり酒樽だ」と言い切ったのが、井戸尻考古館の元館長、武藤雄六《むとうゆうろく》氏。この土器が作られた当時はまだ稲作

は伝えられてはいないはず。コメの酒は造りようもない。それなら果実か。

地元で出土した土器内から、その後、炭化した山ブドウの種が見つかったことも手伝って、ブドウ酒造りの酒樽説がいよいよ注目をあびることになったのだ。

山ブドウの実をつぶして土器に入れておけば、果皮についた野生の酵母がブドウの糖分を分解してアルコール発酵する。この発酵のあいだ、外気に触れると雑菌で腐敗しやすいので、蓋《ふた》をかぶせる。発酵で吹き上げる炭酸ガスは小穴から排出できるようにした——と推測した。

高さが六〇センチちかくもある大きい土器では、その容量は四五リットル、つまり一升ビンで二五本分にもなるとみられている。

ただ、疑問も残る。雨の多い日本では山ブドウの糖度は低め。酒造りの実際としては、なんらかの方法で糖分を加える補糖などが必要だったのでは、との見方が強いのも事実だ。第一、かぶせたと推測する蓋らしきものは出土していない。

この酒樽土器をめぐっては、太鼓説も出されていた。小穴に棒を差し込んで皮を張ったとする見方だが、これには、「小穴には棒を差し込んだような痕跡はない」という反論がなされている。

そんな議論が続くなか、縄文の酒造りは酒好きの研究者には格好の話題だった。考古学者の長沢宏昌《ながさわひろまさ》氏が書いている(「縄文の酒器」『縄文謎の扉を開く』冨山房インターナショナル)。

千葉県佐倉市の国立歴史民俗博物館で「縄文の酒造」に関する研究会が開かれたときのことだ。終了後に長沢氏らが一杯機嫌で盛り上がっているところに、当時の館長の佐原真《さはらまこと》氏(考古学者)が現れた。

「君たちは、みんな呑兵衛《のんべえ》だから、酒があった、酒があったと言うけれども、私のように一滴も飲めない人間を説得してみなさい。説得させられたら君たちの説を認めてやる」

「よーし」と呑兵衛研究者は身構えたのだろうが、侃侃諤諤《かんかんがくがく》、決着をみないまま佐原氏は二〇〇二年に亡くなってしまった。

一方、青森県の三内丸山《さんないまるやま》遺跡でも、縄文の酒造りの可能性が指摘されている。大量のエゾニワトコの種子が出土、さらに発酵したものにたかるショウジョウバエのサナギなどが一緒に出てきたのだ。エゾニワトコの実を発酵させて酒を造っていたことを裏付けるものとされ、論議はいよいよ熱を帯びている。

中国や日本には〝サル酒〟という伝説上の酒がある。サルが果実や木の実を樹木の洞《ほら》などにためておき、それが自然に発酵して酒になったというのだ。文化人類学者の石毛《いしげ》直道《なおみち》氏は、「野生のサルが食料を貯蔵する習性はないとされている。したがってサル酒は存在しないと考えてよい」とする一方、「ただし、東アジアに果実酒が皆無であったと断定するわけにはいかない」としたうえで、こう述べている。

「サル酒の伝承は、果実から（もともと存在している糖分が発酵する＝筆者注）単発酵の酒ができる知識の存在を前提としており、それが（原料を糖化してから発酵する＝筆者注）複発酵の酒つくりにくらべて、原始的な酒造であるとの認識にもとづくものである」（「酒造と飲酒の文化」『論集 酒と飲酒の文化』平凡社）。

つまり、自分では気づいていないのだが、遠い昔、果実で酒を造った先祖の記憶が私たちのどこかに残っていて、しかも、その酒造りは今より劣る原始的な酒造りだと認識している、というのだ。サル酒がもっともらしく語り伝えられてきた背景には、その記憶と認識があるのだろうか。

酒樽土器でよみがえる遠い祖先の記憶。山梨がワインの銘醸地になったのも、故なきことではないのかも知れない。

酒を「嗜む」倭人の時代

　三世紀の邪馬台国《やまたいこく》という国が、この日本列島のいずれかにあったことは、中国の史書「魏志倭人伝《ぎしわじんでん》」の記録で知ることができる。女王・卑弥呼《ひみこ》が国を治め、そこに住む人びとは、男女ともそれなりの衣類を身に着け、「その風俗淫《みだ》らならず」。つまり、だらしない様子ではなかったという。

　そのうえで、「人性酒を嗜《たしな》む」と端的に記している。人びとは生来酒好きだ、と。

　その飲み方も一例だけだが、紹介している。人が死ぬと、一〇日あまり喪《も》に服し、その間は肉を食べず、喪主は泣き叫び、参列者は「歌舞飲酒」する。

　集団で酒を飲み、神とともに、あるいは亡き人とともに過ごしたのだろう。中国で記されたこの数行の文章が、我々日本人の飲酒についての最古の記録である。

　惜しむらくは、その酒がどんな酒なのかが記されていないのだが、原料はブドウなどの果実ではなく、コメだったろうと考えられている。当時、すでにコメ作りが伝わっていたことは間違いない。「魏志倭人伝」にも、倭国で栽培している作物として、「禾《か》稲《とう》（稲）」を挙げている。だとすれば、コメの濁り酒だったのだろう。

そうなると問題は、麹《こうじ》を利用した酒だったかどうかだ。コメは糖分を含む果実とは異なり、そのままではいくら待っても酒には変わらない。コメの主成分のデンプンをまず分解してブドウ糖に変えることが必要なのだ。

その分解方法として二つの方法がとられてきた。ひとつは現代の日本酒造りで行われている麹による方法。もうひとつは人間が口でコメを噛《か》み、唾液《だえき》中の消化酵素（アミラーゼ）で分解し、唾液中の酵母で発酵させる方法だ。これは「口噛《くちか》みの酒」と呼ばれる。

この口噛みによる酒造りは、奈良時代、現在の鹿児島県の東半分にあたる大隅《おおすみ》国で行われていたことが『大隅国風土記《ふどき》』の逸文《いつぶん》で分かっている。

それによれば、決められた日に村中の男女が集まって、コメを噛んで「酒槽《さかぶね》」に吐き入れて解散。その後、酒の香が漂いだしたころに再度集まり、飲んで楽しんでいたという。生《なま》のコメを噛んだのか、蒸したコメだったのか、あるいはどのくらいの時間、噛んだのか、条件にもよるが、飲みごろを迎えるには、おそらくは数日を要したことだろう。

こうした酒造りは東南アジアなど南方系のものとみられ、沖縄で近年まで行われていたほか、台湾など各地でも行われていたという。それが日本国内でどれほど広がっていたのか、ということだ。

佐賀県にある弥生時代の大規模遺跡「吉野《よしの》ヶ《が》里《り》遺跡」。邪馬台国と同時代に存在していたとみられる「クニ」の遺跡とされ、現在、吉野ヶ里歴史公園として保存されている。

「酒造りの家」 園内のこの一角は、祭りや儀式などに使う祭器などを作っていた場所とされ、「中のムラ」と名付けられている。酒も神に捧げたものだ。佐賀県吉野ヶ里町

園内には発掘された遺構をもとにさまざまな建物が復元されているが、その竪穴《たてあな》住居のひとつに「酒造りの家」がある。

屋内に蒸《む》したコメを広げ、女性がそのコメをしっかりと噛み、「唾液と十分に混ぜ合わせて壺の中に入れ、自然発酵させて

「酒造りの家」の内部のようす　説明版に描かれた絵。手前の女性が口をモグモグとさせている。後ろには、蒸したコメを広げて冷ます女性の姿も。

作った」との想定だ。麹は使わず、口噛みによる酒造りである。家の前の説明版に描かれた女性は、一生懸命、口をモグモグとさせている。

はたして邪馬台国の酒は、この口噛みの酒だったのか。考古学者の金関恕《かなせきひろし》氏は麹利用説を打ち出している。

「（弥生時代に）醸造する場合、口噛酒よりはもっと効率的な方法で行っていたに違いない。おそらくは、東洋、とくに高温多湿な風土で発明された麹カビを使う醸造方法が（稲作文化の起源である＝筆者注）江南系、あるいは華北系の文化要素のひとつとして伝来していたのではないだろうか」（「倭人性酒を嗜む」『卑弥呼の食卓』吉川弘文館）（本書五〇頁参照）

酒造史研究者の加藤百一《かとうももかず》氏も口噛みには否定的で、「米麹利用の酒づくり方式は、遅くとも弥生中・後期にはすっかり定着していたはず」（『日本の酒５０００年』技報堂出版）と書いている。

弥生時代の始まりは、従来、紀元前四、五世紀ころとされてきたが、このところもっと早く、紀元前一〇世紀にまでさかのぼるとの説が有力となってきている（本書五一ページ参照）。その後、紀元後三世紀まで続いたこの時代、口噛みの酒造りが行われていたとしても、九州南部など限られた地域とみるべきではないだろうか。先進地域だった福岡など九州北部、あるいは畿内では一般的な酒造りの主流が口噛みだったとは考えにくい。

ただ、神事などで用いられる酒の造り方として、口噛みが案外、広く浸透していた可能性も捨てきれないのだ。吉野ヶ里遺跡の「酒造りの家」も神事用の酒を想定しているようだ

倭人が舞い踊ったという邪馬台国の美酒の味わいは、その国の所在地とともに、なおナゾを秘めている。

「下戸」遺伝子から見える列島の足跡

どうやら縄文時代人は現代の日本人よりも酒に強い体質だったようだ。

そもそも酒は体内に入ると、有害《ゆうがい》なアセトアルデヒドに変わるが、ＡＬＤＨ２という酵素がこれを分解して、無害な酢酸《さくさん》に変える。ところが、その分解力が人によって異なるのだ。

強力な分解力をもつのが活性型で、いわば「酒豪」タイプ、分解が遅い低活性型は「ほどほど」タイプ、そして分解できない不活性型は「下戸」タイプということになる。

じつはこれはＡＬＤＨ２を構成する遺伝子のなせる業《わざ》。先天的なものだという。

日本人のこの遺伝子の型を調べてみると、なぜか北と南に酒豪タイプが多くいることがわかった。元・筑波大学教授の原田勝二氏が全国五〇〇〇人以上を調べた結果を、『日本醸造協会誌』（二〇〇一年）に、「飲酒様態に関する遺伝子情報」として報告している。

それによると、酒豪タイプの人の割合は全国平均では六〇パーセント程度だが、秋田県は七六・七パーセントで圧倒的に多かった。つづいて岩手・鹿児島が七一・四パーセントで並んでいる。

逆に少ないのは近畿・中部・中国地方の各県で、最下位の三重県は三九・七パーセント。愛知県は四一・四パーセントでこれに続いた。

この酒豪タイプの多い地域ほど、縄文時代人の遺伝子が色濃く受け継がれているのではないか、というのが原田氏のデータの意味するところだ。

じつはこのALDH2、もとをたどれば、世界中だれもが酒豪タイプだったという。今もネグロイド（黒人）、コーカソイド（白人）は一〇〇パーセント、酒豪タイプだ。人類の進化の過程でモンゴロイド（黄色人種）だけに突然変異が生じ、「ほどほど」「下戸」両タイプが生まれたと考えられている。

当初、日本列島に住んでいたのは、この突然変異の前の人びとだ。これが縄文時代人であり、酒豪ぞろいだった。ところが、二千数百年前以降、大挙して列島にやってきたのは、突然変異を経たのちの人びと。彼らが弥生時代を築き、日本列島の中央部に住みつく一方、縄文系の人びとは、しだいに北と南に追いやられた、と考えられる。

こうした人の移動の結果が酒豪タイプ遺伝子の地域的な濃淡に表れているのではないか、というのだ。

それにしても、有害なアセトアルデヒドを体内に残すことにつながる下戸タイプ遺伝子が出現したのは何故か。『酒の起源』（白揚社）を著したパトリック・E・マクガヴァンは、逆にこう答えを出している。

「アジアでの人類進化の過程で、飲酒の弊害をなくすために遺伝子が変異した」。

遺伝子の親心というわけか。

ここで一献

①酒豪といってもご注意を！

「酒豪タイプ」といっても、じつは喜んでばかりもいられない。いささかアルコールの飲み過ぎを指摘されそうな数字となっている。

酒に含まれているアルコールの量は酒の種類によって異なるが、それを一〇〇パーセントの純アルコール量に換算したデータが、左の表にある「アルコール消費量」だ。酒豪出現率一位の秋田県をみると、年間、一人当たり一〇・六リットル。これを日本酒の量に換算し直すと、毎日一合ということになる。

ところで、一六度の日本酒一合のアルコール量は二九cc、重さにすると二三グラムになる。アルコールの人体への悪影響を避けるには、一日に飲むアルコールを二〇グラム未満にすることが推奨されている。つまり、これをすでにオーバーしているのだ。

アルコール消費量のデータは、年々低下しており、現状はかなり改善しているはずだが、酒豪ぶりの発揮もほどほどに。

■酒豪タイプ出現率

順位	県名	ALDH2の頻度(%)	アルコール消費量（※1）	順位	県名	ALDH2の頻度(%)	アルコール消費量（※1）
1	秋田県	76.7	10.60	25	鳥取県	58.5	8.80
2	鹿児島県	71.4	9.60	26	愛媛県	58.5	7.70
3	岩手県	71.4	8.60	27	島根県	58.5	8.30
4	福岡県	70.4	8.70	28	福島県	57.8	8.90
5	埼玉県	65.4	7.10	29	兵庫県	57.8	7.30
6	山形県	65.1	9.60	30	静岡県	57.2	8.20
7	北海道	64.8	9.50	31	山口県	56.3	8.10
8	沖縄県	64.8	（※2）	32	長崎県	56.3	8.50
9	熊本県	64.3	8.60	33	佐賀県	56.3	9.30
10	高知県	64.0	9.20	34	徳島県	56.0	7.10
11	千葉県	63.4	7.10	35	滋賀県	55.8	7.30
12	青森県	63.2	9.70	36	京都府	55.5	8.30
13	宮城県	63.2	9.00	37	群馬県	54.8	8.50
14	新潟県	62.4	10.90	38	富山県	54.8	8.00
15	神奈川県	61.9	7.90	39	岡山県	53.8	7.50
16	香川県	61.6	7.50	40	奈良県	53.3	6.00
17	宮崎県	60.2	10.90	41	大阪府	53.0	9.50
18	大分県	60.2	9.40	42	広島県	52.4	8.70
19	東京都	60.0	11.80	43	和歌山県	49.7	8.10
20	栃木県	59.8	7.50	44	岐阜県	47.6	7.00
21	山梨県	59.3	8.90	45	石川県	45.7	8.70
22	茨城県	59.3	7.50	46	愛知県	41.4	7.70
23	長野県	58.5	9.10	47	三重県	39.7	7.10
24	福井県	58.5	8.00				

（※1）総エタノール換算（ℓ／1人／年）
（※2）酒税の関係で報告なし

原田勝二「飲酒態様に関与する遺伝子情報」より

近くて遠い日本酒とワインの距離

酒は造り方で分けると、醸造酒・蒸留酒・混成酒の三種類に分かれる。

醸造酒は原料を発酵させた酒のことだが、穀類が原料の場合、まず穀類のデンプンをなんらかの酵素によって分解し、糖に変えたうえで、酵母によって発酵させるという〝ひと手間〟が必要だ。

このために利用されるのが、①カビの一種である麹《こうじ》の酵素、②唾液中の酵素（アミラーゼ）、③種子の発芽の際に作られる酵素――のいずれかだ。

もちろん日本酒は①だが、かつては②による「口噛みの酒」も造られていた。そしてビールは麦芽利用の③だ。

しかし、果実、蜂蜜、乳を原料とした酒造りではこうした酵素はまったく不要だ。原料にもともと糖分が含まれているから、自然界の酵母の力でいきなり発酵につながる。代表例がワインだ。また、乳ではモンゴルなどの馬乳酒が、そして蜂蜜ではインドやエチオピア、北欧などのミードが知られている。

これ対し、蒸留酒は醸造酒を搾る前の「醪《もろみ》」を加熱、蒸留し、アルコール分を濃縮した酒。ウイスキーのほか日本の焼酎・泡盛も蒸留酒だ。五〇〇〇年前のメソポタミア文明の遺跡で蒸留用の土器が出土しており、その技術の成立は古い。錬金術《れんきんじゅつ》にも応用され、ヘレニズム文化とともに東西に広まった。

混成酒は醸造酒や蒸留酒を適度に薄め、薬味や甘味料、香料などを混ぜた酒である。

ところで、キリスト教の『旧約聖書』はワインについて、最初に造ったのはアダムから数えて一〇代目、「ノアの箱舟」のノアだと記している。神の怒りの大洪水のあいだ箱舟に揺られ、たどり着いた地で農夫となったノアは、ブドウ畑を作りそしてワインを醸した。その地が現在のトルコ東端のアララト山だと伝えられている。

実際、アララト山から北へ一五〇キロのジョージアでのワイン造りは八〇〇〇年前までさかのぼるといわれ、「ワイン発祥の地」とも呼ばれている。ワインを保存した壺《つぼ》や、ワインの存在を裏付ける酒石酸《しゅせきさん》も検出されているという。

国士舘大学イラク古代文化研究所の小泉龍人《こいずみたつんど》氏は「土器が発明されてまもなく、器のなかに保存しておいた野生ブドウが、偶然にも発酵が進んでワインに近い状態になっていた」と推測する（「古代西アジアの酒」『西アジア考古学17』日本西アジア考古学会）。ブドウは食べ物ではなく、水に代わる飲物として果汁がしぼられたとも考えられる。それが果皮についた野生の酵母の働きで、いつのまにか保存の効くアルコールに変わったのだ。

思い出されるのは、ワイン研究家の麻井宇介《あさいうすけ》氏が書いた文章だ。

「この自然のたくみな仕組み（発酵＝筆者注）によって、果汁は常に果汁のままでいるわけにはいかなかった代りに、ワインはいとも容易に誕生した。穀物の酒がとかく秘儀をともなって作り出されるのに比べ、これはなんと平明で開放的であることか」（『比較ワイン文化考』中公新書）

ワインとの比較のなかで、穀物の酒の奥深さが浮き彫りにされてくる。つまり、穀物のデンプンを糖に変える手品のような〝ひと手間〟こそが秘儀であり、文化なのだ。しかも、忘れてならないのは、「穀物の酒は貯蔵可能な食料をあえて酒にした」（同）のである。

日本酒を飲む民は昔も今も、この単純明快な事実をかみしめながら飲むほかない。酒は文化を臓腑に染み渡らせるものである。

②アジアに広がるカビの酒

酒には醸造酒・蒸留酒・混成酒があるが、蒸留酒と混成酒は醸造酒を土台にして生まれたもの。その意味で醸造酒こそが酒の源流といえる。

醸造酒の伝統的な造り方は、原料とともに、地域・民族によってさまざまだ。次ページの世界地図は、その概要を示している。

麹《こうじ》を使う日本酒は、東南アジア一帯の「カビ利用の酒」に組み入れられる。すぐにカビがはえるモンスーン地帯の酒造りであり、主としてコメを原料に、カビの一種の麹を利用して酒を造るのがこの地域の特徴だ。もち米を原料にした中国の紹興酒《しょうこうしゅ》もその一例。

これに対し、西アジアやヨーロッパ、アフリカなどの地域ではカビに頼ることはできず、「モヤシ利用の酒」が造られてきた。

このモヤシとは穀物の発芽したもののことで、中に含まれる糖化酵素を酒造りに利用している。ムギ類の栽培に向いた地中海気候のもとでは、大麦の麦芽でビー

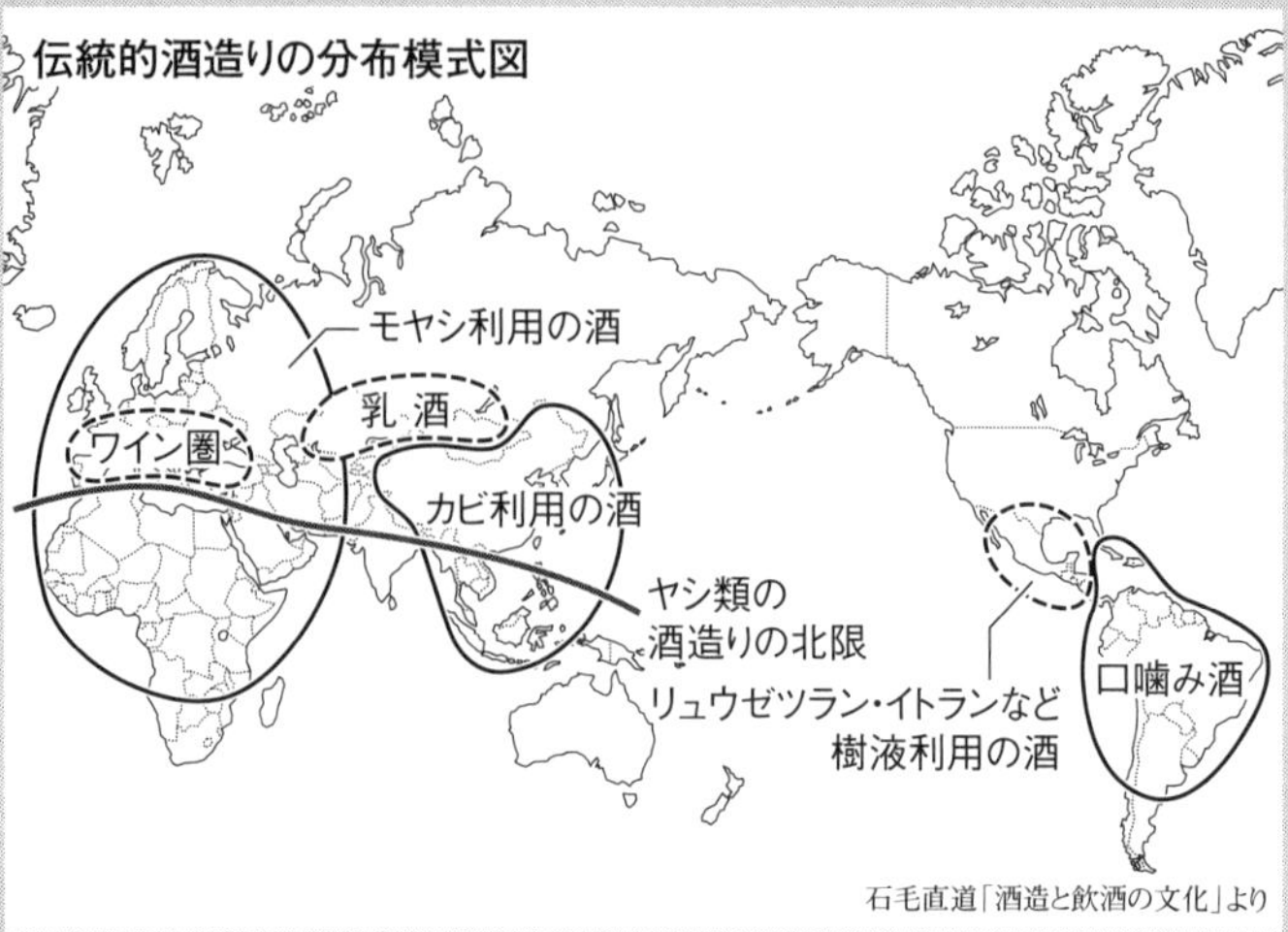

ル造りが生まれた。アフリカにもいろいろな雑穀を原料にしたモヤシ利用の酒が造られている。

このビール、いまや日本でも大量に生産され、日本人の「好きな酒類」調査では回答者の五〇パーセントが支持する圧倒的な第一位となっている。以下、果実酒（梅酒など）・焼酎・清酒・ワインの順（二〇〇七年、NHK放送文化研究所）。

その「ワイン圏」は、西アジアからヨーロッパにかけての地域。しかし、このワインも、現代では、日本はもちろん世界中で生産されている。

第2章

神々の酒

神代の「かみ」は口噛みの「かみ」？

日本の古書に残された最古の酒。それを飲まされたのは、ご存知、八岐大蛇《やまたのおろち》だ。奈良時代の歴史書『古事記《こじき》』『日本書紀《にほんしょき》』に記された出雲《いずも》神話のなかに登場する（『古事記』では「八俣遠呂知」）。

主人公の素戔嗚尊《すさのおのみこと》（同「須佐之男命」）は大暴れして高天原《たかまがはら》を追放され、出雲国の「簸河《ひのかわ》」（斐伊川《ひいかわ》）の上流に降った。見ると涙を流す老夫婦とひとりの娘。八岐大蛇という怪物が毎年現れ、八人いた娘をひとりずつ飲み込み、ついにこの娘ひとりになってしまったのだという。

この娘、奇稲田姫《くしなだひめ》を救おうと素戔嗚尊が老夫婦に作らせたのが、八醞《やしお》の酒《さけ》。これが、神話ではあるが、日本の記録に残る最古の酒だ。繰り返して醸《かも》すことでアルコール度数を高くした酒のことだと解釈されている（本書九一ページ参照）。

やがて現れた大蛇は八つの頭と尾をもち、目はまるで赤いホウズキのよう。用意さ

八岐大蛇像　右が八つの頭を持つ八岐大蛇。開いた口からキバがのぞく。左側の素戔嗚尊がひと飲みにされてしまいそうだが、その腕には酒の壺が。島根県玉造温泉

れた八つの酒桶にためらうことなくそれぞれの頭を突っ込み、ガブガブと飲む。いつの間にか眠りに落ちたところを、素戔嗚尊の剣が一気に切り刻んだ。そのとき、尾のひとつから見つかったのが草薙剣《くさなぎのつるぎ》だ。

　さて、この酒は何からできた酒なのか。『日本書紀』は「一書《あるふみ》（異本）に曰《いわ》く」として、「衆果《あまたのこのみ》」で醸したとする説を紹介しており、木の実や果実が原料だった可能性もある。

　その『日本書紀』がはじめてコメの酒に触れているのが、出雲神話に続く日向《ひゅうが》神話の中だ。天孫降臨《てんそんこうりん》に続く神代の終幕の物語である。

鹿児島県と宮崎県との県境にある高千穂《たかちほ》峰に降臨した瓊瓊杵尊《ににぎのみこと》はその地の木花開耶《このはなさくや》姫《ひめ》という美女を妻とした。「一書」によれば、木花開耶姫は狭名田《さなだ》と名付けた田の稲によって、「天甜酒《あまのたむさけ》を醸《か》みて（造って）」お供えをした、とされている。天甜酒は濁り酒でできた「天の美酒」という意味だろう。現在の鹿児島県霧島市の一角がその地と伝えられている。

これこそが、日本の記録に残る最古のコメの酒であることは間違いない。しかし、麹利用の酒なのか、口噛みの酒なのか、造り方についての記述はない。

ただ、その造り方を示唆する痕跡が、言葉のなかに残されているとの見方もある。「天甜酒を醸みて」の「醸む」だ。古代の人びとは酒を醸すことを「かむ」と表現しており、「醸」という字があてられているが、この「かむ」の由来をどうみるか。

もともとは「噛む」だった、とする説はわかりやすい。昭和時代の醸造学者で「酒の博士」と親しまれた住江金之《すみのえきんし》氏も、日本では「麹の使用法を知らなかった時代には米を噛んで酒を造った」のであり、「『かむ』はすなわち『噛む』である」とし、木花開耶姫の天甜酒も噛まれたものだろうとしている（『酒』、昭和五年発行）。

そうだとすれば、口噛みの酒は一定の期間、相当広範囲に広がっていたということなのだろうか。

これに対し、麹をカビとみて、そこから「かむ」という言葉につながったという説もある。江戸中期の国学者、賀茂真淵《かものまぶち》は枕詞《まくらことば》の辞書『冠辞考《かんじこう》』で、次のように記している。麹を「かんだち」と読むが、それは「かびたち」、つまりコメのカビが立つことであり、「かみする」「かもする」「かむ」も同じだ。「噛む」などという説は取るに足りない俗説だ、と。

いずれに軍配を上げるべきか。古代のわずかな言葉と記述から、「神代」の酒の造り方まで嗅《か》ぎ分けるのは難しい。

草薙剣に酔いしれた神事、今も

都会の喧騒《けんそう》を忘れさせる広大な森。午後七時、参道沿いに灯《とも》されていた明かりや社殿の室内灯が一斉に消される。森の深さは闇の深さとなって覆いかぶさってきた。

名古屋市の熱田《あつた》神宮で毎年五月四日夜に行われる「酔笑人《えようど》神事」。整列した一六人の神官が砂利《じゃり》を踏みしめて無言で境内《けいだい》を巡る。そして、決められた四か所で止まると、突然吹かれる「ピロリー」という笛《ふえ》の音。これが合図となって、一斉に神官らが「おほほほほー」と高笑いする。

じつは素戔嗚尊《すさのおのみこと》が見つけた草薙剣《くさなぎのつるぎ》がこの神事として生きているのだ。剣は倭建命《やまとたけるのみこと》が東征の折、火の難を逃れるために草を薙ぎ払い、この名が付けられ、その後、熱田神宮にご神体として祭られていたという。

ところが、天智《てんじ》天皇七年（六六八）、道行《どうぎょう》という新羅《しらぎ》の僧によってこの剣が盗み出され、国外に持ち去られそうになった。この計画は暴風雨のために失敗に終わったが、

熱田神宮の酔笑人神事　神宮の森は闇に包まれ、境内をめぐる神官たちの踏みしめる砂利の音だけが響く。名古屋市

剣は熱田神宮に戻されず、宮中に留め置かれるままとなってしまったのだ。

それが天武《てんむ》天皇一五年（六八六）六月一〇日になって、熱田神宮にようやく戻された。『日本書紀』によれば、占いの結果、天武天皇の病がこの剣の祟《たた》りによるものとされたためだった。

どんな事情であれ、神宮にとって剣の返還が大きな喜びであったことは間違いない。ただ、天皇は三か月後に死去。歓喜に酔いしれた祝いの神事も、その後は、やや微妙なものにならざるを得なかったのではないか。

一三〇〇年前の祝宴は、闇に響く幾度かの忍びやかな笑いで幕となった。

酔わせてどうする、英雄の酒

『古事記』の倭建命《やまとたけるのみこと》（『日本書紀』では「日本武尊」）は、悲劇の英雄として語り継がれている。たしかに末路は哀れを誘うのだが、そのデビューの姿は、荒々しさと酒を利用した智謀の若者だった。

その悲劇の裏には、父である一二代景行《けいこう》天皇が抱いた不安があった。のちに倭建命を名乗る息子の小碓命《おうすのみこと》の「猛々しく荒々しい心」への恐怖心だ。

こんなことがあった。

ある日、小碓命の兄が朝夕の食事に顔を出さなかったため、天皇は小碓命に対し、兄に注意するよう命じた。これに対し、小碓命は注意するどころか、厠《かわや》に入った兄の手足をもぎ取り殺してしまったのだ。天皇の娶《めと》るはずだった美人の姉妹を横取りしたこともある兄だが、殺せと言ったことはなかったのに。

そこで天皇が命じたのが、九州南部に勢力を張り大和朝廷に抵抗していた熊襲《くまそ》の平《へい》定《てい》だった。天皇は、リーダーである熊會建《くまそたける》兄弟の名を挙げ、「朝廷にまつろわぬ（服従しない）無礼な者どもだ」と、その征討を指示した。しかし、熊襲の人びとは勇猛であり、天皇は命じたその当初から、じつは小碓命の死を望んでいたか、少なくとも若くしての死を予期していたのではないだろうか。

時に小碓命一六歳。額の前で髪を束ねた少年姿でまず訪れたのは、叔母の倭比売命《やまとひめのみこと》のもと。そこで女性用の着物と剣をいただき、はるばる熊會の本拠地に着いてみると、兄弟の館が新築されたばかり。多くの仲間たちが祝いの宴の準備中だった。しばらく待って祝宴当日。小碓命は髪を乙女のように垂らし、倭比売命からもらった着物を身にまとった。天皇すら恐れたあの荒々しさを押し隠し、だれが見ても愛らしい乙女の姿である。

そして、立ち働く女たちに交じって宴席に紛れ込み、いつの間にか兄弟二人の間に。二人は、美しい乙女に注がれた酒を疑うことなく飲んだ。ついに宴もたけなわ、そのときだった。

小碓命は、懐に隠し持った剣でまず兄の胸を刺し貫いた。つづいて、逃げようとする弟の尻を突き刺す。

加佐登神社　背後の山中に白鳥塚古墳があり、倭建命の墓といわれていた。近年の調査では５世紀前半の築造とされている。三重県鈴鹿市

弟は、刺されながらもその勇敢さを讃《たた》えて、猛《たけ》く強いものの名である「建」の名を小碓命に捧げたのである。直後、弟の体は、熟した瓜《うり》が割れるように、切り裂かれてしまった。

素戔嗚尊《すさのおのみこと》を彷彿《ほうふつ》とさせる知謀の英雄は、まさに血しぶきのなかで誕生したのだ。

『日本書紀』では、若干ストーリーが異なる。やはり倭建命は熊曾(『日本書紀』では「熊襲」)の地に遠征するのだが、その地はすでに父・景行天皇が遠征し、みずから熊襲梟帥《くまそたける》を討ったことになっている。興味深いのはその攻略方法だ。

天皇が熊襲梟帥の娘のひとりに近づき、偽りの寵愛の相手とした。娘はだまされ父親に酒を飲ませ、酔って眠ったすきに父の弓の弦《つる》

倭建命の絵馬　明治 36 年（1903 年）に加佐登神社に奉納された。血刀を握りしめ、熊會建を討つ倭建命の表情が印象的だ。

を切ってしまったのだ。父は天皇の送り込んだたったひとりの兵によって、あっけなく殺されてしまった。

これもまた、酩酊《めいてい》に乗じた作戦である。しかも天皇は、協力してくれた娘までも、「不孝の甚《はなは》だしいことを憎んで」殺害してしまった。

こうしていったんは平定された熊會だったが、『日本書紀』によれば、一五年後にふたたび背《そむ》いた。そこで登場した女装の小碓命が、酒を飲ませて熊會のリーダーを討ったことになっている。

倭建命はその後、東征を命じられ、各地を回ったが、滋賀・岐阜県境の伊吹山《いぶきやま》で山の神の返り討ちにあって深傷《ふかで》を負い、三重県の能《の》煩野《ぼの》で倒れる。そして死後、白鳥となって懐かしい大和に帰るのだ。

能煩野は、三重県鈴鹿《すずか》市から亀山《かめやま》市にかけての丘陵地帯の古称だが、その一角に倭建命が死の間際まで使っていた笠と杖《つえ》をご神体として祭ったという加佐登《かさど》神社（鈴鹿市）がある。

社殿の壁面に大きな絵馬が飾られている。

驚き大きく見開かれた熊會建の目。これに対し、真っ赤な御裳《みも》を着けた女装の少年の目は鋭く、もはや乙女の目ではない。背後に流れ出る酒が宴のあとの虚しさを物語っている。

酒を使っただましの系譜

酒は致酔《ちすい》飲料。飲めば酔う。もっと飲めば酔いつぶれる。この酩酊《めいてい》による油断に付け込めば、絶対にかなわないと思われた相手も、意外なほどたやすく倒すことができる。それを強奪の手段に利用したのが、昨今の昏睡《こんすい》強盗だ。強い酒、それでも足りなければ薬物入りの酒を飲ませ、眠ったところでクレジットカードなどを盗んでしまう。

人間は相当早い時期に、酒のこうした利用に気付き、各種作戦に取り入れてきた。素戔嗚尊《すさのおのみこと》の八岐大蛇《やまたのおろち》退治もそれ、倭建命《やまとたけるのみこと》の熊襲《くまそ》征討も、同じ路線の英雄譚《えいゆうたん》となっている。

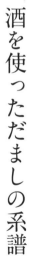

時代は下り、のちに一八代反正《はんぜい》天皇となった水歯別命《みずはわけのみこと》のエピソードも、酒を利用しただまし討ちだ。小道具は杯《さかずき》。

水歯別命には二人の兄がいた。長兄は一七代履中《りちゅう》天皇だが、即位直前に、二番目の兄墨江中王《すみのえのなかつみこ》により、その屋敷を焼かれた。辛《から》くも逃れた長兄は、水歯別命に対し、

柴籬（しばがき）神社の歯磨き面　同神社に祭られている反正天皇は歯並びが良かったと伝えられる。この地が天皇の丹比（たじひ）柴籬宮跡ともされている。大阪府松原市

墨江中王の殺害を指示した。水歯別命は、墨江中王の近習《きんじゅう》で南九州に居住していた「隼人《はやと》」出身の曾婆訶理《そばかり》に近づいた。

「言うことに従えば、お前を大臣《おおおみ》にしてやる」。言葉を信じた曾婆訶理は、厠《かわや》に入った墨江中王を矛《ほこ》で刺し殺した。水歯別命は、曾婆訶理を連れて大和に上るが、その途中、断行されたのがだまし討ちだ。

「今日はここに泊まる。まずはお前に大臣の位を授けよう」と水歯別命。仮の宮殿で酒宴が行われ、多くの官吏に拝礼を受けた曾婆訶理は喜色満面。酒の注がれた大きな杯を曾婆訶理が持ち上げ、その顔が杯に隠れた瞬間だった。水歯別命は敷物の下に隠していた剣を取り出し、切りつけ殺してしまった。

「曾婆訶理は私のためには手柄を立てたが、自分の主君を殺したのは、道に背《そむ》くもの

だ」。身勝手な理屈による殺害だが、これにより兄弟間の皇位をめぐる争いに終止符が打たれ、長兄が無事、即位した。

もっとも『古事記』には、酒以外にもだまし討ちの記述が多い。倭建命に限っても、九州のあとに出雲《いずも》に出掛け、出雲建《いずもたける》の太刀を、木で作った偽の太刀に取り替えて殺している。哲学者の梅原猛《うめはらたけし》氏は、こんなふうに当時の人びとの心を読み解いている。

「戦いはいつでも計略によって決するのである。そこでは壮絶《そうぜつ》な戦いはあまり行われていないのである。約束をして、かってに約束を破り、敵の裏をかく、そこには正直が美であるという思想はない。勝利者は善で、どんなに敵を詐《いつわ》っても、あるいは詐れば詐るほどよいのである」（『古事記』学研M文庫）

しかも、梅原氏によれば、『日本書紀』は物語が道徳化されているが、『古事記』には「敗者への賛美」とともに、「露骨な力と政治的策謀への賛美の思想がある」という。

それにしても、だまされて飲まされるほうは、たまったものではない。現代なら、「酒に意地汚いから、こんなことになる」なんていう陰口までついてくるはずだ。

ご注意あれ。

麹あってこその日本の酒、その原点

麹による日本酒の最古の記録として誰もが認めるのが、『播磨《はりま》国風土記』の宍禾《しさわ》郡（現・兵庫県宍粟《しそう》市）に関する記述。ポイントはコメとカビだ。同風土記は、こんなふうに伝えている。「伊和大神《いわのおおかみ》（国造りの神）の御粮《みかれい》が濡《ぬ》れてカビが生えた。そこで酒を醸《かも》させ、神に奉って宴を開いた」。粮とは、コメを蒸して干した保存食の乾飯《ほしいい》のこと。水で戻したものに麹菌《こうじきん》がついてカビたのだろう。そこに野生の酵母《こうぼ》が作用し、酒ができたということのようだ。これこそまさしく、現在、我々が口にする日本酒の原点だ。宍粟市の庭田《にわた》神社がその宴の地だとされている。

はたしてそれはいつごろのことなのか。『風土記』は、和銅六年（七一三）五月の詔《みことのり》により諸国で作成された奈良時代初期の記録だ。登場する伊和大神は、のちに大国主命《おおくにぬしのみこと》と一体化して語られるようになった神とされる。

この記述により、どんなに遅くとも奈良時代までには麹を使った酒造りが始まっていたことが、確かめられるのだ。宍粟市はこの『播磨国風土記』の記述を根拠に、「日本酒発祥の地」をアピール、市をあげて日本酒による乾杯を普及させようと、平成二六年一月から、「日本酒発祥の地宍粟市日本酒文化の普及の促進に関する条例」を施行している。

庭田神社　裏には玉垣をめぐらした湧き水「ぬくいの泉」があり、日本酒発祥の地と位置付けられている。兵庫県宍粟市

いちばん近いバス停から三キロ余。山あいを流れる川沿いに開けた水田の中に、こんもりとした森とともに庭田神社があった。『播磨国風土記』によれば、宍粟市周辺は伊和大神らによる激戦の地。その終結の祝いの場として、きれいな水の湧いているこの地を選んだという。

鮮やかな新緑の森の中で耳を澄ますと、今も神々の酒盛りの声が遠く聞こえてくるようだ。馥郁《ふくいく》たる日本酒の香とともに。

コメと麹がそろうまで

日本酒の歴史は、コメと麹《こうじ》がそろってはじめて始まる。コメと口嚙《くちか》みという組み合わせもあるのだが、現在につながる歴史としてはコメと麹のそろい踏みが不可欠だ。

〈コメ〉

昭和時代の食物史学者・篠田統《しのだおさむ》氏は端的にこう述べている。「わが国をば豊葦原《とよあしはら》の瑞穂《みずほ》の国という。もとより、豊葦原であって豊稲原ではない。元来稲は熱帯アジアの植物で、北緯三〇度を超えるこの寒い日本の国とは縁もゆかりもなかったはず」（『米の文化史』社会思想社、昭和四五年）。

そもそも日本列島での昼間時間の長さでは、野生の稲は花を咲かせ、種子を実らせることはできないだろう、と植物遺伝学者・佐藤洋一郎《さとうよういちろう》氏の見解も一致する（『稲の日本史』角川ソフィア文庫）。

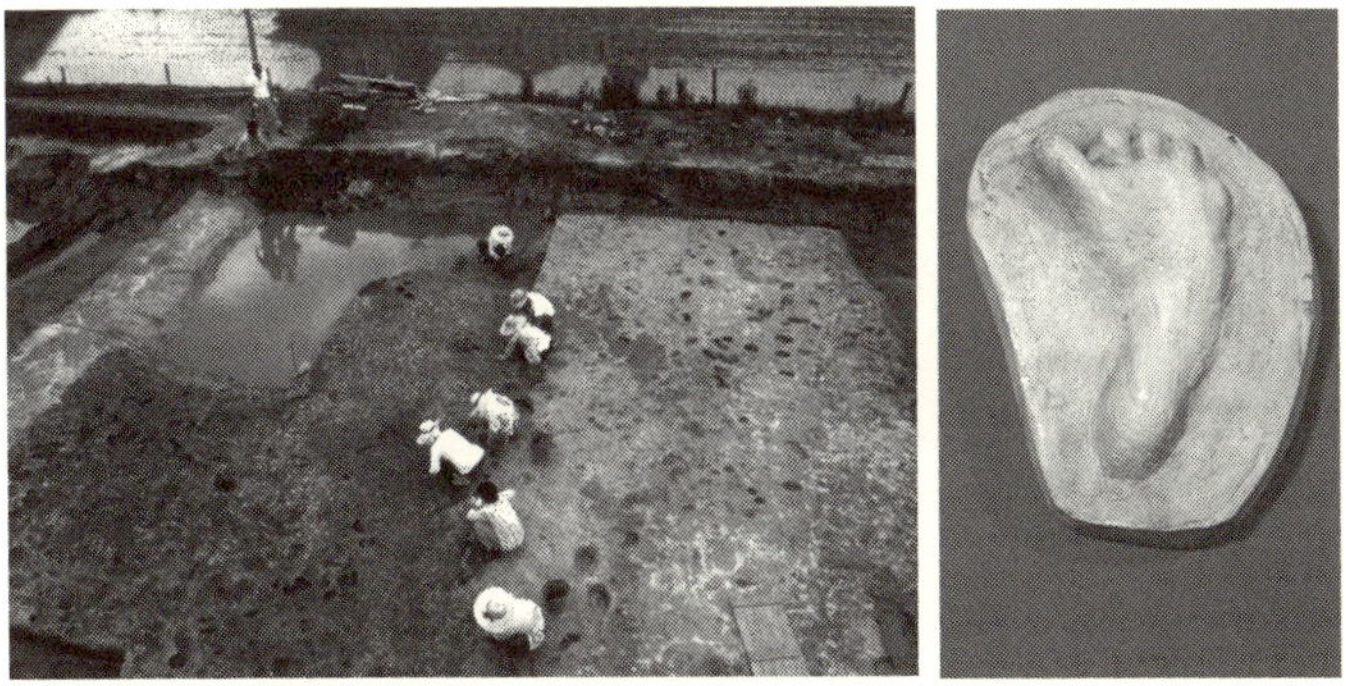

板付遺跡(左)と足跡　弥生時代早期の水田跡で見つかった弥生人の足跡。滑りそうになって体勢を立て直した跡らしい。福岡市埋蔵文化財センター

ならば、いつ、どこから、稲は列島にもたらされたのか。これまでの研究では、世界での水田稲作の起源は中国の長江《ちょうこう》下流域とする説が強いようだ。一九七三年に浙江《せっこう》省の河姆渡《かぼと》遺跡などで七〇〇〇年前に遡る稲作文化の存在が実証されたためだ。

その一方で、現在、日本で栽培されている稲(温帯ジャポニカ)も、遺伝子分析などから、その起源は長江中、下流域だとみられている。とすれば、日本へは大陸から直接、あるいは朝鮮半島経由で伝わってきたのは間違いない。

従来は、その稲の渡来が弥生時代の始まりとされ、紀元前四、五世紀ころのこととみられていた。ところが、近年、この時期が大幅に見直され、二九〇〇年前にまで遡るとする説が有力

となっている。

見直しのきっかけになったのが、一九七八年に福岡市博多区の板付《いたづけ》遺跡で見つかった水田跡だ。従来の時代区分では、縄文時代晩期と位置付けられるものだった。その後、さらに佐賀県唐津市の菜畑《なばたけ》遺跡では、同時期でも、さらにやや古い水田跡が見つかった。これが今のところ、日本最古の水稲栽培の跡であり、これらの時期が弥生時代早期と呼ばれるようになってきている。

日本のコメ作りは、この九州北部を起点に本州北部へと拡大していったのだ。


〈麹〉

麹はカビの一種。世界中でこうしたカビによる酒造りは、ヒマラヤ山麓から中国、朝鮮半島、日本にかけての地域と、さらに東南アジアに分布するとされる。湿潤なモンスーン地帯の酒なのだ。ちなみにユーラシア大陸西側ではビールに代表される麦芽《ばくが》利用の酒造りが古くから行われている。

さて、日本ではいつから、その麹が使われだしたのか。コメと同様、麹の利用も大陸と無関係に始まったとは考えにくい。とくに中国での酒造りの歴史は古く、遅くとも四〇〇〇年前にはすでに麹で造った酒を飲んでいたとさえいわれている。日本への水田稲作の伝来当時、コメとセットで麹利用の酒造り技術ももたらされたとみるのが自然だ。

ところが、そこに大きな疑問が出てくる。使われる麹が日本と中国とではまったく異なるのだ。中国の麹は、大麦・小麦・高粱《コーリヤン》・アワなどを原料とし、生のまま砕いて水でこね、それを固めて一か月ほど放置。モチのように固くなった「餅麹《もちこうじ》」にして使う。そこに繁殖しているのはクモノスカビやケカビだ。

これに対し、日本はコメと黄麹カビだけを使う。コメも生のままでなく、蒸したコメに黄麹菌の胞子をまぶし、黄麹カビだけを繁殖させる。モチのように固まらせることもなく、バラバラのままで利用するため、「バラ麹」と呼ばれている。

この違いをどうみるか。元中国浙江工業大学客員教授の花井四郎《はないしろう》氏は、長江下流の江南《こうなん》地方に小麦を製粉する技術と粉食の習慣が定着したのは紀元前二世紀から紀元前一世紀とし、それまではコメと黄麹を用いた酒造りが行われていたと推測、日本に伝来した酒造りはこの黄麹当時の技法だったとみている(「日本酒の来た道」『論集　酒と飲酒の文化』)。

麹の違いのナゾを解くひとつの考え方だ。仮に、酒造りを日本に伝えたのが、小麦定着以降の江南の人びとだったとしたら、日本酒は現在のものとかなり違ったものになっていたということなのかもしれない。

〈最初の日本酒〉

おおよそ縄文時代の終わりごろ、中国から九州北部に渡ってきた人びとの暮らしは水田稲作で成り立っていた。ごく当たり前に麹を用いた酒造りをしていたのではないだろうか。そして、麹による酒造りは水田稲作とともに列島を北上していった。大陸から渡ってきた人びとが、九州で改めて効率の悪い口噛みの酒に移行する理由はどこにもない。

ただ、沖縄、九州南部から別ルートで伝えられた口噛みの酒が、その後も神事などに使う特別の酒として残っていた可能性はありそうだ。それにしても、「醸《か》む」という言葉が「噛む」に由来するとすれば、この口噛みの酒が意外と深く列島に浸透していたことになる。

酒造りの神々

酒造りの決め手は微生物だ。つまり麹《こうじ》や酵母《こうぼ》という微生物を、発酵に向けて、思いどおりに活躍させるための環境づくり、つまり段階に応じた温度管理などが決め手とされている。しかし、その微生物の働きも、コントロールを間違えば、「腐造《ふぞう》」となって捨てるほかないという事態に陥る。

この精妙巧緻な働きが微生物によるものと科学的に解き明かされたのは、明治以降のこと。それまでは杜氏《とうじ》の経験と勘、そして何よりも神頼みの手作業だった。それは根幹においては現代も変わりがない。酒蔵を覗《のぞ》けば必ず神棚があり、神社のお札が祭られている。

酒造りの神様として広く知られる三つの神社を紹介しよう。

〈大神神社〉

大神神社　拝殿前に立つ「巳の神杉（みのかみすぎ）」には、大物主神の化身の白蛇が棲むという。好物の卵が供えられている。左ページは大神神社の一角に祭られた活日（いくひ）神社。奈良県桜井市

酒造りの神の代表的な神社が、わが国最古の神社でもある大神《おおみわ》神社（奈良県桜井市三《み》輪《わ》）だ。「味酒《うまさけ》」という言葉が、所在地「三輪」の枕詞《まくらことば》とされ、また古くは「神酒」を「みわ」とも読んだほどである。祭神は大物主神《おおものぬしのかみ》。

大神神社と酒の結びつきは、『日本書紀』の伝えるこんなエピソードでもわかる。

一〇代崇神《すじん》天皇の時代、国内には疫病がはやり、多くの民が病に倒れた。対応に苦しむ天皇の夢に現れた大物主神が告げたのは、こんな一言だった。

「私の子の大田《おおた》田根《たね》子《こ》に私を祭らせれば、たちどころに平穏になる」

天皇はこのお告げを受けて、大田田根子を探し出すなど神託を忠実に実行し、難局を乗

り切った。その安堵の思いのなかで開かれたのが、夜を徹しての宴。

お神酒造りの責任者、活日《いくひ》が声高らかに詠みあげた。

「この神酒《みき》は　我が神酒ならず　倭成《やまとな》す　大物主の醸《か》みし神酒　幾久《いくひさ》　幾久」（この神酒は日本国を作った大物主神の造られた神酒である。いつまでも栄あれ）

その活日は、記録に残る最初の杜氏であり、「杜氏の始祖」とされている。活日を祭る活日神社は、広い大神神社の境内の一角にあり、今も多くの酒が供えられている。

『大神神社史』（1984年）を開いてみると、こんなくだりがあった。

「酒の醸造に於《お》ける発酵作用の不思議は、何人も認めるところであり、ことに、古代人に取って酒が出来ることには、一つの神意が働いていると見られたことは当然である」

今も、その不思議は消えたわけではない。

＜松尾大社＞

蔵元で目立つのは松尾大社《まつのおたいしゃ》（京都市西京区嵐山宮町）のお札だろう。京都の酒屋から寄進された石柱には「日本第一酒造之神」の文字が刻み付けられ、境内には、各地の酒蔵から奉納された薦被《こもかぶ》りの酒樽が、山のように積み上げられている。

そのスタートは、古代に朝鮮半島から渡来した氏族、秦《はた》氏の総氏神だった。大宝元年（七〇一）に秦都里《はたのとり》が創建、平安遷都（七九四年）後は、王城鎮護の社《やしろ》とされた。はじめは、酒造りとの結びつきがことさら深いわけではなかったようで、酒福神として知られるようになったのは、室町時代末期以降のこと。江戸時代に入り、元禄七年（一六九四）に刊行された井原西鶴《いはらさいかく》の遺作『西鶴織留《さいかくおりとめ》』では、「上々吉、諸《もろ》白《はく》松尾大明神のまもり給へば」とありがたがられるなど、酒造りの神として不動の地位を確立している。

しかも、酒を造る人だけの神ではない。酒を「売る人」「飲む人」も忘れ

松尾大社のお守り　手前左側の服酒守は酒難除けとして呑兵衛の味方。京都市西京区

積み上げげられた酒樽　各地から松尾大社に奉納された酒樽。植物のマコモを編んだむしろで包まれていたため、薦被（こもかぶ）りと呼ばれる。見ているだけでも楽しい。京都市西京区

てはいない。その証がお守りだ。「醸酒守」だけでなく、「販酒守」と「服酒守」が用意され、〝目配り〟の広さがわかる。

蔵元は、新酒の仕込み前には、腐造の起きないよう醸造の安全を祈願する。我ら呑兵衛《のんべえ》もこの「服酒守」を胸に「安全祈願」といきますか。

〈梅宮大社〉

松尾大社とは桂川《かつらがわ》を挟んですぐの地にある梅宮大社《うめのみやたいしゃ》（京都市右京区梅津梅フケノ川町）も、酒造家の信奉を集める神社だ。大鳥居の先にある重厚な随《ずい》身門《じんもん》の二階には、さまざまな銘柄の薦

梅宮大社の随身門　見上げると酒の薦被り。境内の梅の花は見事で、その実を漬けた「招福梅」も知られている。京都市右京区

被りがずらり。その様が、酒との結びつきの強さを物語っている。

奈良時代の政治家・橘諸兄《たちばなのもろえ》の母が、橘氏の氏神として創建。『日本書紀』で日本初のコメの酒「天甜酒」を醸したとされている木花開耶《このはなさくや》姫《ひめ》も祀られていることから、酒造りと結びついたのだ（本書三六ページ参照）。

随身門のそばに立つ石柱には、「日本第一酒造之祖神　安産守護神」の文字が深々と彫られている。

杉玉とバッカス

造り酒屋や酒屋の入り口などに下げられた大きな球体。杉の葉を束ねたもので、杉玉、あるいは酒林《さかばやし》と呼ばれ、新酒ができたことを知らせている。

もちろん杉玉が青々としているのは初めのうちだけ。しだいに枯れた色に変じてゆくのだが、一年経てばまた緑の杉玉に変わる。それが呑兵衛《のんべえ》の密《ひそ》かな楽しみなのかも知れない。

大神《おおみわ》神社の神木が杉であることから、杉の葉を使った杉玉が酒造りのシンボルになったようだ。同神社では拝殿《はいでん》と祈禱殿《きとうでん》に直径約一・五メートルの「大杉玉」を下げているが、毎年一一月に掛け替えている。

こうした酒のサインは、すでに室町時代には行われていたようで、室町中期の臨済《りんざい》宗《しゅう》の僧、一休《いっきゅう》がこんな一首を残している。

極楽を　いづくのほどと　思いしに　杉葉たてたる　又六の門《かど》

又六の酒を極楽と褒《ほ》めたのだ。

造り酒屋に下がるこの杉玉を、明治の初め、東北を歩いていていて見つけた英国の女性紀行作家イザベラ・バードが、驚きの声を上げている。

ガード下の杉林　歩いていて、ふと目にとまる。「いい酒が入ったぞー」。店主のそんな声が聞こえてきそうだ。思わず誘われる光景。千葉県船橋市本町、居酒屋「金魚屋」

盛岡をはじめこの地方の村いくつかを見て、わたしは高くて大きくて立派で、いかにも裕福そうなたたずまいの家屋が囲いのある敷地に立っているとすれば、それは必ず造り酒屋だということに気がつきました。酒林は酒を販売するだけではなく醸造していることを示します。（略）イギリスでもかつてワイン販売の印に同じようなものが使われていたのは興味深いことです。（『イザベラ・バードの日本紀行』講談社学術文庫）

寒風に揺れる杉林　国の登録有形文化財となっている蔵の前で、大きな杉林が寒風に揺れていた。屋根の上には白い雪。燗酒が恋しくなる。長野県塩尻市、笑亀酒造

イギリスではアイビー（キヅタ）やブドウの枝、あるいは枝の束を店先に置いていたといい、「ブッシュ bush」と呼ばれていた。

そこで、こんな言い回しがある。

〝Good wine needs no bush.〟

「良酒に看板は不要」というわけだ。

たとえば、一六二三年刊のシェイクスピア『お気に召すまま』（福田恒存訳、新潮文庫）ではこんなふうに使われている。

まことの美酒なら酒屋の軒先に蔦《つた》の飾りは要《い》らぬ筈《はず》、（略）とは申しますものの、芳醇《ほうじゅん》な美酒には必ずそれにふさわしき見事な蔦の飾りが吊《つる》されます。

ところで、おもしろいことに、オーストリア・ウィーン郊外のブドウ農家が新酒のころに開く居酒屋「ホイリゲ」の入り口にも小枝が吊るされる。ヨーロッパでのこの小枝は、どうやらローマ神話の酒神バッカスに始まるらしい。バッカスと仲間たちが頭を飾ったアイビーの花輪が起源とされているようだ（海野弘『酒場の文化史』サントリー博物館文庫）。

洋の東西を問わず、神のいるところに酒あり。酒のあるところに秘密の枯枝あり。

悲しい天女の酒造り

しばらく共に暮らしても、いずれは離ればなれになるしかない人間と天女《てんにょ》。その切ない話は羽衣《はごろも》伝説、あるいは天人女房《てんにんにょうぼう》の話として各地に伝わっている。なかでも、『丹後国風土記《たんごのくにふどき》』の逸文《いつぶん》で伝えられた天女は、酒造りの技をもち美酒の醸造に精を出した。まるで〝酔っ払い天国〟から来たような天女だった。

丹後の地に降り立った天女は総勢八人。現在の京都府京丹後《きょうたんご》市にある比治山《ひじやま》の頂《いただき》の池に浸《つ》かり、身を清めていた。そこに現れたのが和奈佐《わなさ》という老夫婦。そっと、ひとりの衣を隠してしまった。

七人の天女は逃げ帰り、ひとりぼっちで池に残された天女に、老夫は話しかけた。「私の子どもになってください」。天女は従うほかなかった。そして繰り返し衣を返すよう頼んだのだが、老夫は、「疑心が多く信実のないのが、この地上の世界では普通のこと」と言いながら、最後には衣を返して家に連れて帰った。

一緒に暮らしはじめると、驚いたことに天女は酒造りがとてもうまく、その酒は一杯飲めばどんな病気でも治《なお》るほどの効き目があった。このため、その酒が売れて家はみるみるうちに豊かになった――。

「酒の醸造法を教えたとは、なかなか、さばけた天女ですな」。そんな驚きの声をあげたのは老夫ではない。この伝説を取り上げた松本清張の推理小説『Dの複合』に登場する雑誌編集者だ。ところが、話はめでたし、めでたしとは進まない。

拉致一〇年後、そのさばけた天女に老夫婦が告げた言葉は、「お前は私の子ではない。早く出て行ってしまえ」だった。理由も告げず、追い出すだけ。天女は慟哭《どうこく》するしかなかった。とぼとぼと各地をさすらい歩いた挙句、ようやく「〝なぐしく(おだやかに)〟なった」と落ち着いたのが、奈具《なぐ》の里だった。

「信実のない」人の世をみずから演じてみせたようなこの振る舞いに、地元・旧峰山《みねやま》町の発行した『峰山郷土史』も怒りの声を上げている。「ただ一人下界にとどまって、強欲無情の和奈佐老夫婦に追われ、転々流浪する比治山の天女の半生は、実に哀切そのものである」。

ただ、清張は少し違った見方を、作中に登場する地元の神職に語らせている。和奈佐の家で天女はどうしても天に戻りたくて泣いて暮らしたため、さすがの老夫婦もついに希望をかなえてやったのだ。家を出て、歩き出す天女。「けれども、もう飛ぶ術《すべ》を忘れていて、天に翔《か》け昇ることができません。天女はたいそう悲しんで、そこ（たどり着いた地＝筆者注）でも毎日毎日泣き暮らし、とうとう悲嘆のあまり死んでしまいました」。

奈具神社　田に囲まれた小高い山の中に、天女の祭られている社殿がある。暗い森の中から振り返ると、鳥居の外に光り輝く田がまぶしい。京都府京丹後市

いずれにしても悲しい天女の物語だ。京丹後市弥栄《やさか》町にある奈具神社には、帰る場を失った天女が今も祭られている。

夏に神社を訪ねた。社殿は、水田の迫る小高い山の上にある。見れば、水田を囲った電気柵が参道の入り口もふさいでいた。イノシ

シ対策だろう。天女ならぬ野生動物との共存に苦慮する今がそこにあった。

伝承では、雄略天皇のときに丹後国から伊勢神宮の外宮《げくう》（豊受《とようけ》大神宮）に迎えられた豊受大神《とようけのおおかみ》がこの天女だともされている。

味わい決める杜氏の腕

酒蔵で酒造りの総責任者を務めるのが杜氏《とうじ》（あるいは「とじ」）。その名の由来は諸説あるが、有力なのが「刀自《とじ》」説。古代、家庭での酒造り、酒の管理は主婦（刀自）の役割だったからだ。また、中国ではじめて酒を造ったといわれる伝説上の酒造の祖・杜康《とこう》の名からついたという説もある。

蔵の規模にもよるが、数人、あるいはそれ以上の蔵人《くらびと》を束ね、酒造りのすべての工程を把握して狙いどおりの酒を造る。たたき上げの経験と勘を働かせ、製造過程の各種のデータ、そして麹《こうじ》や酒母《しゅぼ》などの状態の変化に目を光らせる。

凍りつくような冬の寒さのなかで造るのが、伝統的な日本の酒造り。杜氏にしても、蔵人にしても、ちょうどその間、暇《ひま》になる農家の出稼ぎ仕事でもあった。

杜氏が自分の使う蔵人を人選して蔵元に乗り込み、酒造り全般を請け負う。できた酒を売るのが、経営者である蔵元の仕事だった。

江戸時代の灘《なだ》の酒造りを支えたのは、兵庫県丹波篠山市出身の杜氏たちで、この地域出身の杜氏は「丹波杜氏」と総称される。こうした酒造技能者集団は各地に形成され、この「丹波杜氏」に、岩手県の「南部《なんぶ》杜氏」、そして新潟県の「越後《えちご》杜氏」を加え、三大杜氏とも呼ばれている。

ただ、戦後の日本酒離れにともなう蔵元の減少、農村からの若者の流出で、杜氏・蔵人らは減少の一途。日本酒造杜氏組合連合会に所属する人数は、昭和四〇年に杜氏三六八三人、蔵人二万四三九二人を数えたが、平成二八年には同六九四人、一五五三人にまで激減、同時に高齢化も進んでいるという。

酒造会社では、出稼ぎ型の季節労働から自社の社員による酒造り、そしてコンピューター化で人手を省いた年間とおしての酒造り（四季醸造）へと転換を図っている。さらに、今後は人工知能（ＡＩ）を活用して、杜氏の職人技を再現しようとする動きも広がりそうだ。

第3章

都の酒、鄙の酒

古代朝鮮から来た革命児

一五代応神《おうじん》天皇。この時代に多数の渡来人が、大陸の先進技術・文物を日本にもたらした。そのなかに酒造りの名人もいたようだ。

『古事記』が記している。

「酒を醸《か》むことを知れる人、名は仁番《にほ》、亦《また》の名は須々許理《すすこり》」。百済《くだら》から渡来し、さっそく「大御酒《おおみき》を醸みて献《たてまつ》りき」とある。

どんなに旨《うま》い酒なのか。この酒を飲んだ天皇は、なんと「うらげて」、つまり浮かれて、歌を詠んだという。

須々許理が　醸みし御酒に　我酔《ゑ》ひにけり　事無酒《ことなぐし》　笑酒《ゑぐし》に我酔ひにけり

(須々許理が醸した酒に酔ってしまった。無事平安の酒、笑みがこぼれる酒に、酔ってしまった)

酒屋神社　応神天皇らを祀る。近くの佐牙（さか）神社とともに酒造りにかかわりがあるとされ、須々許理ゆかりの神社との説も出されている。京都府京田辺市

笑いが止まらない。たいそうな喜びようなのだ。

朝鮮半島と日本の食文化のつながりを調べた滋賀県立大学名誉教授の鄭大聲《チョンデソン》氏はこう結論づけている。「南方系の酒づくり法（口噛みの酒＝筆者注）がなされていたところに、麹《こうじ》法という大陸起源の新しい酒づくり技術の北方文化が、朝鮮半島の百済から伝来した」（『食文化の中の日本と朝鮮』講談社現代新書）。

ただ、朝鮮半島の麹は小麦の餅麹なのに対し、日本の麹

はコメのバラ麹だ。これについて鄭氏は、朝鮮半島から小麦の餅麹が伝えられたあと、気象条件の違いなどから日本でコメのバラ麹に変わったのだとみる。その変遷の名残《なごり》は、コウジを表す文字として、漢字の「麹」とともに、日本で独自に生まれた国字「糀《こうじ》」が存在していることに見て取れる、と指摘する。コメの上に咲いたコウジの花を表した糀の字は、たしかにバラ麹でなければ生まれないものだ。

しかし、応神天皇をめぐっては、中国の史書「宋書倭国伝《そうじょわこくでん》」に登場する倭の五王のうち、最初の王の「讃《さん》」にあたるとする説がある。だとすればほぼ五世紀前後、古墳時代のことだ。

口噛みの酒が日本でも行われていたとしても、さすがにこの時代まで麹をまったく知らなかったとは考えにくい。縄文時代の晩期以降、水田稲作の技術とともに、ばらばらに、そして、いくたびにもわたって訪れただろう渡来人たちが、そろいもそろって麹の使い方を忘れてしまったのでない限り。

少なくとも言えることは、すでに麹を利用していた日本の酒造りに、須々許理がなんらかの先進的な手法で革命をもたらしたということだ。お陰で日本の酒がいっそう旨くなったということなら、もちろんそれはうれしい限りだ。

歌を詠んだ応神天皇は、酔ったまま外に出て、道にあった大きな石を杖で打った。するど、石は転がって天皇を避けたという。

そんなことから「堅石《かたしは》も酔人《ゑひびと》を避く」という諺《ことわざ》ができたのだ、と『古事記』は伝えている。石でさえも酔っ払いにはかなわない、ということだ。よほど楽しい酒だったことは間違いない。

永久に不滅の酒のしくじり

その男の名は玉田宿禰《たまたのすくね》だった、と『日本書紀』が伝えている。

亡くなった一八代反正《はんぜい》天皇の殯《もがり》の執行を、允恭《いんぎょう》天皇から命じられていた。正式に埋葬するまでの間、遺体を安置し、慰霊の儀式を行う重要な役目だ。

ところが、この男、その大事な職務を放り出して酒を飲んでいた。それがばれて逃げ回った挙句《あげく》、追手《おって》により殺されてしまった。

きっかけは地震だった。允恭天皇五年（四一六？）七月一四日のことだった、と記録されている。

記述は、具体的な地震の被害状況にはまったく触れていないが、騒動の顛末《てんまつ》は次のとおりだ。

地震後、遺体が安置された殯宮《もがりのみや》のようすが気になった天皇は、部下を現地に向かわせた。夜ではあったが、責任者の玉田宿禰以外の人びとは皆、集まっていた。責任者だけがいない。

玉田宿禰の自宅を調べると、なんと人びとが寄り集まって酒宴の真っ最中。とんでもないところを見つかった玉田宿禰、調べにきた男を殺害、いったんは身を隠したが、結局、天皇の下に召し出された。

そこでなぜか酒が出た。玉田宿禰は女官から勧められるままに杯を上げた。そのときだった。用心のために着けていた鎧《よろい》が衣の下からちらり。これを女官が見逃すはずはなかった。なんとか自宅に逃げ帰った玉田宿禰だったが、最後は追手に捕らえられ殺されてしまった。

玉田宿禰は五世紀、天皇家の外戚として栄えた葛城《かつらぎ》氏の一員であり、有力者であったことは間違いない。

ただ、葛城氏はしだいに天皇家との対立を深め、歴史の舞台から姿を消した。その凋落《ちょうらく》に向け大きく踏み出すきっかけとなったのが、この騒動だったようだ。

とはいえ一六〇〇年の歳月が過ぎれば、さすがにもう忘れ去られてもよさそうではあるが、じつは意外なところでしっかりと記録にとどめられている。

日本の地震史だ。

『日本書紀』には天武天皇四年(六七五)一一月などに地震が記録されているが、いちばん古い、つまり記録された日本最古の地震が允恭天皇五年の地震なのだ。

「もういい加減にしてくれよ」。泉下《せんか》の玉田宿禰の舌打ちが聞こえるようだが、もっと古い記録が出てこない限り、最古の地震とともにその名は長く記憶されることだろう。

都を離れ、万葉酒の歌

『万葉集』は、現存する我が国最古の歌集。七世紀の前半、舒明《じょめい》天皇の作品から天平宝字三年（七五九）、大伴家持《おおとものやかもち》の作品まで、約一三〇年間に作られた四五一六首が収められている。

そのなかで酒の歌とくれば、忘れることのできないのが家持の父、大伴旅人《たびと》（？〜七三一）の「酒を讃《ほ》むる歌（讃酒歌）一三首」（別掲八四ページ）だ。

賢《さか》しみと　物いふよりは　酒飲みて　酔泣《ゑひなき》するし　まさりたるらし
黙然《もだ》をりて　賢《さか》しらするは　酒飲みて　酔泣《ゑひなき》するに　なほ若《し》かずけり

利口ぶってなんになる。酔い泣きしたほうがましじゃないか――。「賢しら」を軽蔑し、「酔泣」を賛美する一連の歌は、どうにもならない現実のなかに生きる現代の

大宰府政庁跡　都府楼(とふろう)とも呼ばれた。さまざまな建築物の礎石が残り、南門・中門・脇殿跡などの配置がわかる。国の特別史跡。福岡県太宰府市

呑兵衛《のんべえ》の胸にも、ストレートに伝わってくる。

こんな歌を作りながらも、旅人は単なる酔っ払いの歌人ではなかった。もとより大伴氏は古代大和国家の軍事・政治を担当してきた有力氏族。旅人も当時、古代の西海道《さいかいどう》（九州）全域を治める大宰府《だざいふ》の帥《そち》（長官）を務めていたのだ。

そんな高官になんの不満があったのか。じつは中央の政治では新興の藤原氏が力をもち、大きく時代が変わりはじめていた。天平元年（七二九）に左大臣の長屋《ながや》王《おう》が虚偽の告発によって自殺に追い込まれたが、その背後には藤原氏の意向が働いたともいわれる。

旅人は、その前年に大宰府の帥として赴任していた。そこにも藤原氏の意向があったのだろうが、もはや中央の政治への影響力は完全にそがれてしまった。

大きな時代の流れに抗しきれないもどかしさ、そのうえ赴任直後、妻が大宰府で死没した。旅人はもはや「酔泣」するしかなかったのだろうか。

旅人の異母妹に大伴坂上郎女《さかのうえのいらつめ》がいる。この女流歌人の酒の歌は、旅人の讃酒歌とは裏腹に、きらびやかでさえある。

酒坏《さかづき》に　梅の花浮け　思ふどち　飲みての後は　散りぬともよし

梅の花の下で気の合った者同士飲んだあとは、もう散ってもいい。もっとも、梅の花からしてみると、なんとも自分勝手な歌ではあるが。

さらに「遊び飲み」なんていうモダンな言葉も使っている。旅人は独り《ひと》孤独な酒を飲み、坂上郎女は親族らと遊びの酒を飲む。際立つ個性だ。

斯《か》くしつつ　遊び飲みこそ　草木すら　春は生ひつつ　秋は散りゆく

こんなふうに遊び飲みましょう。草木だって春には伸びて、秋には散ってしまう――。まったくだ。

もうひとり、特異な万葉詩人、山上憶良《やまのうえのおくら》。名門の大伴一族とは比較にならない下級官吏で、現実を見据えた言葉が重い。

有名な「貧窮問答歌《ひんきゅうもんどうか》」の一部。

風雑《まじ》へ　雨降る夜《よ》の　雨雑へ　雪降る夜は　術《すべ》もなく　寒くしあれば　堅塩《かたしほ》を取りつづしろひ　糟湯酒《かすゆざけ》　うち啜《すす》ろひて　咳《しわぶ》かひ　鼻びしびしに　しかとあらぬ鬚《ひげ》かき撫《な》でて　（略）　斯《か》くばかり　術無《すべな》きものか　世間《よのなか》の道

寒さしのぎに口にしたのは、酒糟を湯で溶かした糟湯酒だ。おそらくはアルコール分は一パーセント内外。いくら塩をなめなめ飲んでみても、「酔い泣き」するまで酔うことはなかっただろう。

家族を思うこんな歌も残している。いつまでも終わらない宴からひと足先に引き上げる歌。

憶良らは　今は罷《まか》らむ　子泣くらむ　そを負ふ母も　吾《わ》を待つらむそ

子も泣き、妻も待ってるだろうから、と引き留める声に耳も貸さず、決然と腰を上げる姿が目に浮かぶ。

一方で、家庭への思いを振り切って、飲み続ける男たち。そんな呑兵衛《のんべえ》は現代にもいるような——。

ここで一献

③「令和」に酔う、大伴旅人「酒を讃むる歌一三首」

二〇一九年五月、新しい元号「令和」の時代が始まった。ひたすら酒に救いを求めた感のある大宰府時代の大伴旅人《おおとものたびと》だったが、ここにきて一三〇〇年ぶりに愁《しゅう》眉《び》を開いているはずだ。

天平二年（七三〇）正月、旅人は大宰府の帥《そち》（長官）として自宅に官人らを迎え、「梅花の宴」を催している。『万葉集』には、その折の参加者の歌三二首と、旅人が記したとみられる序文が収められている。

新元号は、その序文で使われた文字から選ばれ、生まれたのだ。旅人もさぞ鼻が高いことだろう。天国では一四首目の「酒を讃むる歌」として、楽しい祝い酒の歌をひねっているのかも知れない。

験《しるし》なき　物を思はず　一坏《ひとつき》の　濁れる酒を　飲むべくあるらし

酒の名を　聖《ひじり》と負《おほ》せし　古《いにしへ》の　大き聖の　言《こと》のよろしき

古《いにしへ》の　七《なな》の賢《さか》しき　人どもも　欲《ほ》りせしものは　酒にしあるらし
賢《さか》しみと　物いふよりは　酒飲みて　酔泣《ゑひなき》するし　まさりたるらし
言はむ為便《すべ》　せむ為便《すべ》知らず　極《きはま》りて　貴きものは　酒にしあるらし
なかなかに　人とあらずは　酒壺《さかつぼ》に　成りにてしかも　酒に染《し》みなむ
あな醜《みにく》　賢《さか》しらをすと　酒飲まぬ　人をよく見れば　猿にかも似る
價《あたひ》無き　價といふとも　一坏《ひとつき》の　濁れる酒に　あに益《ま》さめやも
夜光《よるひか》る　玉といふとも　酒飲みて　情《こころ》をやるに　あに若《し》かめやも
世のなかの　遊びの道に　すずしくは　酔泣《ゑひなき》するに　あるべかるらし
今《こ》の世にし　楽しくあらば　来《こ》む生《よ》には　蟲に鳥にも　われはなりなむ
生者《いけるもの》　つひにも死ぬる　ものにあれば　今《こ》の世なる間《ま》は　楽しくをあらな
黙然《もだ》をりて　賢《さか》しらするは　酒飲みて　酔泣《ゑひなき》するに　なほ若《し》かずけり

（『日本古典文学大系　萬葉集1』岩波書店）

壺がそんなにいいの？

甕棺《かめかん》という弥生時代の棺用の大型土器がある。その中に眠る弥生人たちは考えていたのだろうか。「壺になりたい」と。

万葉歌人の大伴旅人《おおとものたびと》の夢は、「酒壺」だった。讃酒歌のひとつに、そんな望みをぶつけている。

なかなかに　人とあらずは　酒壺《さかつぼ》に　成りにてしかも　酒に染《し》みなむ

意訳すれば、「なまじっか人間でいるより、酒のたっぷり入った酒壺になりたいものだ」といったところだろう。

この歌は、中国・呉《ご》の鄭泉《ていせん》という男の逸話を踏まえている。鄭泉は酒を満たした船で暮らすことを夢見た男だったが、死の間際に子どもに言い残した。

「私が死んだら窯《かま》のそばに葬ってほしい。土となって、酒壺になれるかもしれない」死んだあとでも酒に浸りたい、というわけだ。ささやかではあるが、真摯《しんし》なこの望みがかなえられたのかどうか、今となってはわからない。しかし、一一世紀ペルシアでも、そんな願いを四行詩にした詩人がいる。

オマル・ハイヤームだ。

死んだらおれの屍《しかばね》は野辺《のべ》にすてて、
美酒《うまざけ》を墓場の土に振りそそいで。
白骨が土と化したらその土から、
瓦《かわら》を焼いて、あの酒甕《さかがめ》の蓋《ふた》にして。

（小川亮作訳『ルバイヤート』岩波文庫）

江戸時代の日本にも、同好の士がいた。江戸後期の僧侶、十方庵敬順《じっぽうあんけいじゅん》の記した『十方庵遊歴雑記』が、大阪の墓地で見た墓石の句を書き残している。

われ死なば　備前の土に　なしてたべ、
徳利となりて　永くさかえん

ただし、これには大伴旅人も、オマル・ハイヤームもびっくりの返歌が添えられていた。女房の作だとか。

望なら　備前の土に　なしもせん、
もしすり鉢に　なったときには

備前でもなんでもいいけど、すり鉢になったらどうするの⁉
本当にどうするんだろう。ゴマすり人生の続きじゃ、ますますやけ酒がほしくなる——。

技術の粋集めた朝廷の酒蔵

庶民には無縁のことではあったが、朝廷が必要な酒を造ったのは、日本の酒造史のなかでは画期的な出来事だった。奈良時代の平城宮《へいじょうきゅう》（七一〇〜七八四）と、七九四年に遷都した平安宮での酒造りは、公式の文書で確認でき、発掘により場所も特定され、木簡《もっかん》などによっても裏付けられている。日本最古の酒蔵は、想像以上に洗練された酒を天皇の下に届けていたようだ。

蔵を運営していたのは、宮内省の造酒司《さけのつかさ》というお役所。造酒正《さけのかみ》をトップとした総勢七六人の体制で、このうち酒部と呼ばれる六〇人が、実際に酒造りと酢《す》の醸造に携わっていた。

この酒は内裏《だいり》で使うほか、朝廷のさまざまな神事・饗宴で用いられた。当然のことながら、間違っても庶民が口にすることのできた酒ではない。

この朝廷の酒造りを定めた「大宝律令」（七〇一年）などは散逸し残されていないが、

現存の規則集「延喜式《えんぎしき》」（九六七年施行）などにより、造っていた酒の種類のほか、原料や配合割合などがほぼ明らかになっている。

それによれば、造っていた酒は一五種類。要する年間のコメの総量は三六〇石八斗（約五四トン）。醸される酒は二四九石九斗（約四五キロリットル）、つまり一升ビンで約二万五〇〇〇本と定められていた。使用していた麹《こうじ》は「糵（よねのもやし）」と表記され、コメのモヤシ、つまりコメのバラ麹だったと考えられている。

主な酒の種類は次の通りだ。

■御酒槽《ごしゅそう》＝宮中用高級酒

〈御酒《ごしゅ》〉

天皇に供される最高級酒と考えられ、旧暦（以下、同様）の一〇月から作られる。造酒司の年間醸造量の二割にあたる八・七キロリットルがこの酒。

原料の配合を単純化すると、コメ（蒸米）一石に対し、麹四斗、水九斗の割合で混ぜ合わせ、八斗の酒が醸されたという。この配合は「酒八斗法」と呼ばれた。

とくに御酒では、ある程度、発酵が進んだ醪《もろみ》をいったん濾《こ》して、その酒にさらに蒸米と麹を入れて発酵させる技法がとられた。これを「醞（しおり）」と呼び、一〇日ごとに計四回行うとされていた。

どの程度の濾し方かは不明だが、粕《かす》はそれなりに除いた澄み酒だ。配合は、現代からみれば、コメに対する麹の割合が多いため、糖分が多く残り、「あまり酸は多くなく甘口」と推測されている。

ちなみに、八岐大蛇《やまたのおろち》に飲ませた酒「八醞酒《やしおりのさけ》」は八回（多数回）にわたり、醞を行った強い酒という意味合いだ。

〈御井酒〉

七月下旬に造りはじめ、八月から供される。コメ・麹の割合は御酒と同じだが、水はさらに少なく六斗。いっそう甘く濃厚な澄み酒だっただろう。

〈醴酒《れいしゅ》〉

すでにでき上がっている酒を水代わりにして仕込む酒で、使用する麹の割合も多い。六月から七月末までの、まさに盛夏の酒。氷室《ひむろ》から運ばれた氷を浮かべてオンザロックにして飲まれたのでは、との推測も。

氷室の氷については、実際、奈良県旧都祁《つげ》村などで夏場に切り出して、宮廷などで酒に浮かべることが行われていたようだ。『日本書紀』は、仁徳《にんとく》天皇が皇子から献上された氷室の氷を喜んだというエピソードを伝えており、おそらくはこうした酒に浮かべて楽しんだのだろう。

■雑給酒＝一般官人用
〈頓酒《とんしゅ》〉

短期間に造った酒。配合自体は「八斗法」だ。

〈熟酒〉

推定では「熟」の字からみて、時間をかけて造った酒。配合は蒸米一石、麹四斗だが、水は一石一斗七升と多めで、得られる酒も一石四斗と多い。発酵を十分進めた濃醇、辛口の酒とみられる。

■新嘗祭用＝天神地祇《てんじんちぎ》に新穀を供え，天皇みずから食す宮中儀式に用いられた。
〈白酒《しろき》、黒酒《くろき》〉

水をやや少なめにした造りで、白はそのまま、黒はさらに久佐木《くさき》という植物の灰を混ぜた。

復元された井戸と味

一〇〇〇年を超える歴史をもつ朝廷の酒。その酒造りの現場の一端は、平城宮跡の展示施設で見ることができる。さて、その味わいはいかに。

〈平城宮・造酒司《さけのつかさ》跡〉

平城京の政治の中心舞台となるのが平城宮（奈良市佐紀町）。その跡地は、復元された壮大な「第一次大極殿《だいごくでん》」などとともに公開されているが、その大極殿の東側の一角に、造酒司の建物などがあった。

発掘の報告書によれば、掘立柱《ほったてばしら》建物一四棟から、瓶《かめ》の据え付け用の穴がそれぞれ一〇基から四〇基確認された。これは三つの時期に区分されるが、設置されていた瓶の大きさから、一回の推定醸造量は一四・四キロリットルから四四・七キロリットルへと、時期が下るにつれて拡大している。

平城宮跡に復元された造酒司の井戸　杉の大木をくり抜いた直径140cmの井筒の周りに、円形に川原石を敷き詰めていた。醸造用水を汲み上げていたとみられる。

ただし、発掘されたのは造酒司の敷地の西半分程度と考えられ、全容はなお分かっていない。

また、発掘により多数の木簡《もっかん》が見つかった。発掘調査地点が造酒司であるとの決め手になったのも、かつての排水溝から掘り出された木簡の文字「造酒司」だった。

現地には、直径一・四メートルの大井戸が、六角形の覆いの屋根とともに復元公開されている。

〈平安宮・造酒司跡〉

平安宮のなかで、造酒司は内裏の西方、現在の京都市中京区聚楽廻《じゅらくまわり》松下町《まつしたちょう》付近に所在していた。しかし、都市化が進み、発掘は部分的にしか行われていない。一九七八年の調査では、醸造用のコメなどを保管したであろう高床《たかゆか》式倉庫の遺構が確認された。平安京への遷都後、比較的早い時期の建造物とみられる。醸造施設そのものは未確認のままだ。

鎌倉前期の説話集『続古事談《ぞくこじだん》』によれば、造酒司には「大刀自《おおとじ》」という三〇石入りの大瓶《かめ》があった。地中に埋められ、上部二尺ほどが地上に出ていたという。醸造用の瓶だと考えられている。その瓶が、あるとき、土から抜け出て倒れてしまった。人びとが不思議がっているうちに、健康がすぐれず譲位したばかりの一条《いちじょう》天皇が亡くなったという。寛弘八年(一〇一一)六月二二日のことだ。さらにその三年後には、大風のため造酒司が建物ごと倒壊、すべての瓶が割れてしまった、とされている。

遺構の見つかった地点の京都市生涯学習総合センター(京都アスニー)前に、「造酒司倉庫跡」の石碑が建てられている。

〈試醸〉

甘味が強すぎるなど、現代人の口には合わない酒だったようだ。

とはいえ、一〇〇〇年前、どれほど高貴な人びとも、甘みたっぷりの飲み物や食べ物を口にすることはできなかった。そんななかで酒は、アルコールに加え、この甘さがあってこそのものだったのだ。

山邑酒造の蔭山公雄《かげやまきみお》氏が、白酒《しろき》と熟酒について、延喜式の配分での試醸に挑戦、一九八七年の『日本醸造協会雑誌』に報告している。

不明の精米歩合は九七パーセント程度とし、赤米を使用。失敗のないよう、本来なら空気中の野生のものを利用するはずの酵母《こうぼ》と乳酸は現代の製品を用い、二段仕込みにした。

その結果、白酒は日本酒度マイナス五三・五、酸度四・〇という濃醇・大甘の酒となった（本書二四〇ページ参照）。保存状態の悪い日本酒の臭い「老香《ひねか》」に似た臭いなどもあって、現代ではお世辞にも良好な酒とは言いがたいものだった。

一方、熟酒は日本酒度マイナス二三、酸度三・二。白酒よりは甘味が減ったが、香気はやはり良好とはいえなかった。

ただ、推定による試醸の部分も多いため、蔭山氏は「再現にはほど遠く、一つの試みに終った」と結論付けている。

自前の酒造りは各地各様

古代とはいえ、朝廷が酒造りを独占できるわけではない。具体的な醸造の実態はわからないが、各地のさまざまな階層での酒にまつわる動きが、記録に残されている。すでに奈良時代前期には、天武《てんむ》天皇の孫の長屋王《ながやおう》の邸宅で独自に酒を造っていたとみられる。長屋王は左大臣となり、政治の実権を握ったが、天平元年（七二九）、自殺に追い込まれた。

平城宮そばに確認されたその広大な邸宅跡では、おびただしい数の木簡《もっかん》が見つかったが、そのなかの一点には「御酒」の文字が書かれ、裏面に「米三石麹一石」などと、大瓶《おおがめ》での配合と思われる数字が記入されていた。内外から多数の客を迎えた有力者の邸宅として、社交のための酒は必要不可欠のものだったのだろう。

また、平城京内では、造酒司《さけのつかさ》で確認されたような瓶《かめ》を据え付けた穴のある掘立柱建物が複数地点で発掘されている。宮廷用の酒ではなく、一般の都人向けに売られてい

春日大社の酒殿　本殿のすぐ西側にあり、屋内には酒神が祭られている。現在、酒が造られるのは毎年３月13日の春日祭の折だけ。奈良市春日野町

た可能性が指摘されている。

『続日本紀《しょくにほんぎ》』が記録している天平宝字五年（七六一）の殺人事件は、そんな酒を提供していた酒肆《しゅし》（酒屋）が現場だったのかも知れない。犯人は皇族の葦原王《あしはらおう》。賭けをしながら酒を飲んでいるうち、突然、相手の男を刺殺。男の股肉を膾《なます》に切り刻んでしまったという。「天性凶悪で、酒の店に遊ぶことを喜んでいた」と記されている。

さて、平安に入るとどうだったろうか。平安中期の物語『宇津保物語《うつほものがたり》』には、神南備《かみなび》の種松《たねまつ》という長者が登場するが、その屋敷には一〇石

入りの大瓶が二〇個ほどもある酒殿《さかどの》があり、酒造りをしていたことになっている。やはり平安中期、菅原孝標女《すがわらのたかすえのむすめ》による日記文学『更級日記《さらしな》』には、武蔵の国での酒造りの光景が登場する。都に衛士《えじ》として送り出された武蔵の男の独り言だ。「国では酒を仕込んだ酒壺があちこちに据えられていて、酒に浮かんだヒョウタン製のひしゃくが風に合わせて北へ、南へとなびいていたなあ」。この独り言を聞いた帝の姫が「その酒壺を私も見たい」と言い出した。結局、衛士が姫を連れて逃げ、武蔵で仲良く暮らしたという。

一方、神社で神事を行うにあたって欠かせないのが酒。神事は酒造りから始まった。そのための酒殿が、奈良の春日大社に残っている。創建は貞観《じょうがん》元年（八五九）とされるが、『続日本紀』では、より古く、天平勝宝二年（七五〇）に孝謙《こうけん》天皇が春日酒殿を訪ねたとされている。

現在の建物は、江戸時代初期の寛永九年（一六三二）に建て替えられたものだが、今も三月一三日に合わせ、春日祭の神酒が造られている。

王朝時代、「庶民の酒」点景

飲めば楽しく、売ればもうかる。でも、仏罰は恐ろしい。酒にまつわるそんな悲喜劇を、王朝時代の庶民たちが演じている。

九世紀初めに成立し、わが国最古の仏教説話集とされる『日本霊異記《にほんりょういき》』が残したのは、牛になった男の話だ。

紀伊国の寺で、ある日、見かけない子牛が見つかったことから話ははじまる。飼い主がわからず、寺で農作業に使っていたが、五年が過ぎたある夜、この牛が檀家の夢に現れ、こう尋ねた。

「私のことを知っていますか」

「知らない」と答えると、牛は、「桜の村にいた物部麿《もののべのまろ》です」と名乗り、牛になったいきさつを、涙ながらに話しはじめた。

「寺から酒二斗を借り受けたのです。でも、返せないまま私が死んでしまいました。

だから、八年間、牛になって働いて返すことになったのです」「ただ、それにしても、あまりにむごい使われ方です」

檀家が調べてみると、牛の話どおり、たしかに物部麿が酒を借りたまま死んでいた。その因縁を知った寺の僧らは、供養をし、牛を哀れに思って、以後、大切に扱った。そして、八年の労役を終えたところで、牛はどこへともなく消えたという。

借りたものを返さないと、牛や羊などの家畜として働いて返すことになる。説話の教訓はいたってシンプルだが、それにしても驚くのは、寺が酒を貸していたことだ。当時の二斗は現在の八升(一四・四リットル)程度だとされている。たしかに少ない量ではないが、それでも牛になっての労役八年はきびしい仕打ちだ。

物部麿は、この酒を何に使ったのだろうか。説話には記されていないが、田植えを手伝ってくれた人に対するお礼用だったとみられている。首尾よく秋を迎えれば、たわわに実ったコメで利息を付けて返す約束だったのだろう。しかし、予期せぬ死で約束は果たせず、わが身は牛に――。

この種の酒については「農民は酒飲むな」(本書一一一ページ)のなかで触れる。平安時代の説話集『今昔物語《こんじやくものがたり》』には、摂津《せっつ》国の僧による酒造りの話が登場する。

酒の原料にされたのが、正月の仏事の際にお供え用にもらったたくさんのモチ。固くなったのを細かく砕いて仕込み、程よいころ、壺を覗《のぞ》いてみると、なんと多数の蛇が。あわてて壺ごと遠くの野原にうち捨てた。

これを通りがかった三人の上戸《じようご》の男が見つけて覗いてみれば、旨そうな酒の香。もちろん蛇などはいない。最初、二人はしり込みしたが、「命なんか惜しくない」というひとりが持っていた器でゴクッ。これを見た二人も、「お前だけを見捨てるわけにはいかない」とあとに続いた。間違いなく酒だった。

僧はこれを伝え聞き、「仏の供物《くもつ》を人にも与えず酒にした罪の深さ」を悔いたのだという。

一方、酒を水で薄めて売ることを戒める説話が、鎌倉時代中期の『沙石集《しやせきしゆう》』に見える。京都・嵯峨に住む能説坊《のうせつぼう》という酒好きの法師。隣に住む尼から酒を買っていたが、あるとき、その尼に仏事の導師を頼まれた。

これを聞いた近所の男が能説坊に頭を下げた。「自分もあの尼から酒を買っているが、水で薄めているのが難だ。今度の説法で、酒に水を入れて売るのは仏の道に反すると教えてほしい」。

さて当日、能説坊は頼まれたとおり、酒の話をくわしく説いた。

説法のあと、尼が近所の人まで呼んで、大きな桶《おけ》にたっぷりと入れた酒を出してきた。

「今日の酒はうまいはず」。能説坊がそう思ったのも無理はない。ところが――

能説坊「日頃は少し水臭い酒だったが、今日は少し酒臭い水。どういうことだ」

尼「それはそうでしょう。酒に水を入れるのは罪とおっしゃったので、水に酒を入れたのです」

能説坊の「能説」は、説法が得意という意味のはずだが、結局、尼のほうが役者が上だった。

平安貴族の酒とバラの日々

平安の宮廷を取り巻く人びとには、かなりの酒好きがいた。なかでも権力の頂点にあって、酔いざまと死にざまがあざやかに書き残されているのが藤原道隆《ふじわらのみちたか》（九五三〜九九五）だ。

摂政・藤原兼家《かねいえ》の長男で、死の直前まで関白の座にあった実力者。平安後期の歴史物語『大鏡《おおかがみ》』がこんなふうに伝えている。

「このおとど（道隆）はあの疫病ばやりの年（九九五年）に死んだのだが、疫病のためでなく、酒の飲み過ぎのためだった」「男は上戸であることも一興とはいえ、度が過ぎるのはとても不都合」。にべもない。

その〝不都合な〟飲みっぷりをともに演じたのが、「小一条の大将」藤原済時《なりとき》、「閑院の大将」藤原朝光《あさてる》の二人だ。あるとき、ひとつの牛車《ぎっしゃ》で出掛けた三人は、車内で道隆お気に入りのカラスの形の瓶子《へいじ》（酒器）で酒を飲んで酔っ払い、本来は脱がない冠を脱ぐというまことに無様《ぶざま》な姿となった挙句《あげく》に、車の前後の簾《すだれ》を巻き上げる始末。どんちゃん騒ぎが丸見えだった。

道隆も、こんな仲のいい飲み仲間のことは最後まで忘れることはなく、死の床で漏らしたのが、この一言。「済時、朝光たちも、極楽にいるのだろうか」。

享年四三歳。飲み足りなかったに違いない。実際、朝光も済時も、相前後して世を去っている。

この年、大物貴族の死は、これにとどまらなかった。猛威を振るった疫病は麻疹《はしか》だったとみられるが、年頭に一四人いた中納言以上の大宮人のうち八人までが一年のうちに病死したとされる。貴族がこんな有様なのだから、庶民の惨状は目もあてられないほどで、遺体は京洛中にあふれた。この異常事態のなかで、ライバルが消え、一気に頭角を現したのが藤原道長《みちなが》だった。時に三〇歳。

摂関《せっかん》政治の全盛期を築き上げる過程で、多くの宴が繰り広げられたのは言うまでもない。その舞台となった道長の邸宅「土御門第《つちみかどてい》」。寛弘五年（一〇〇八）九月一一日には、一条天皇の中宮《ちゅうぐう》である長女・彰子《しょうし》がここで、のちに後一条天皇となる敦成《あつひら》を生んでいる。

「午時《うま》（昼ごろ）平安に男子を産み給う」と、道長の日記『御堂関白記《みどうかんぱくき》』に簡潔に記されている。

その後の邸内の人びとの喜びようは、彰子の下に仕えていた紫式部が鮮やかに日記に描いている。一〇月一六日、一条天皇の行幸。邸内の池には楽隊を乗せた船が浮かべられるという、壮大な式典だった。舞い踊り、杯を重ねた道長は酔い泣きし、「これほど光栄な行幸は初めてだ」と感涙にむせんだという。

その一〇年後の寛仁二年（一〇一八）の同じ一〇月一六日、三女の威子《いし》が後一条天皇の後宮《こうきゅう》に入った。これにより、太皇太后《たいこうたいごう》に長女・彰子、皇太后に二女・妍子《けんし》、そして中宮（皇后）に威子という我が娘ばかりで「三后」がそろったのである。まさに未《み》曾《ぞ》有《う》の慶事。その日、行われた有頂天の宴も、土御門第が舞台だった。

酔いがまわった頃合いだろう。道長が歌を詠むと言い出した。詠むから歌で返すよう、右大将藤原実資《さねすけ》に求めた。じつは『御堂関白記』には「余、和歌を詠む。人々これを詠ずる」とあるだけで、その歌は書き残されていない。この酔余《すいよ》の余興の作を後世に残したのは、実資がつけていた日記『小右記《しょうゆうき》』だった。

この世をば　わが世とぞ思ふ　望月の　かけたることも　なしと思へば

実資はその歌の優美さを理由に返歌をせず、数度にわたり全員で吟詠した、と記している。

六日後、土御門第へ後一条天皇と三后の行幸啓があった。邸内で三后が対面、道長は日記に、「言語に尽くし難し。未曾有のこと也」と書き記している。

だが、健康面では不調を訴えることも少なくなかったようで、すでに望月の夜の二年前には、のどの渇きから、しきりに水を飲んでいたことが『小右記』（一〇一六年五月一一日など）で知られる。その後、視力の極端な衰えも訴え、最後は背中に腫物《はれもの》ができて死を迎えた。万寿四年（一〇二七）一二月、享年六二歳。病状から、美酒、美食がたたっての糖尿病だったとみる向きもある。

栄華の日々を見守った土御門第は、現在の京都御苑の一角。一〇〇〇年前の栄華をしのばせるものは何もない。小さな説明版に「望月」の歌が書き残されていた。

『源氏物語』のまずい酒

王朝絵巻のなかに繰り広げられる人間ドラマ『源氏物語』。作者の紫式部は、登場人物の酒の「酔いざま」を描くことで、微妙な心のひだに光をあてている。酒が言わせたひと言のように装いながら、言いにくい言葉を伝え、心をえぐる。紫式部がすぐれた人間観察力で再現した貴族社会のまずーい酒の二場面。

〈第三三巻「藤葉裏《ふじのうらば》」〉

右大臣の怒りに触れ、須磨《すま》、明石で謹慎の日々を送った光源氏だが、都に召還され一〇余年、四〇歳になるのを前に太上《だじょう》天皇（皇位を譲った帝）に準ずる位（准太上天皇）につく。幼馴染《おさななじみ》でライバルでもあった頭中将《とうのちゅうじょう》も、栄達の道を歩んだ。

しかし、頭中将は娘の雲居雁《くもいのかり》のことで悩んでいた。東宮《とうぐう》の妃にと望んでおり、光源氏の息子夕霧《ゆうぎり》が我が娘に恋心を抱いていたのを知って、その仲を裂いたのだ。

石山寺の紫式部の像 この寺で「源氏物語」の着想を得たとされ、境内奥にある源氏苑に像が置かれている。筆をとり、想を練っているところか。滋賀県大津市

時が過ぎ、今、夕霧の縁談の噂《うわさ》が聞こえてきた。思いどおりにいかず気弱になった頭中将は、二人の仲を認めることにし、満開の藤の花を理由に、夕霧を自邸に招いた。

花を愛《め》でつつ酒を飲む頭中将は空酔《そらよ》い(酔ったふり)で、むやみに酒を勧める。困惑する夕霧に「私をお苦しめになり、お恨みしていた」と酔い泣きを装う。それでも歌を詠み、杯は巡り、ついに悪酔い。夕霧に泊まってゆくように伝えたあと、「翁《おきな》いたう酔ひすすみて無礼《むらい》なれば(年寄はひどく酔い過ぎて失礼だから)」と、退出する。

頭中将は苦い酒を飲み、素面《しらふ》では言え

ない心の内を明かしたのだ。その夜、夕霧は晴れて雲居雁と結ばれた。

〈第三五巻「若菜　下」〉

光源氏の妻、女三の宮は、思いを寄せていた頭中将の息子・柏木に身を許す。ところが、これが発覚、柏木は罪の深さにおののき、光源氏を避けてきたが、ついに逃げられず対面する。震《ふる》え上がる柏木と、誇りを傷つけられた光源氏。

「過ぐる齢《よわい》にそへては（寄る年波で）酔泣きこそとどめがたきわざなりけれ」と空酔いの光源氏が目を据える。柏木が若いといっても、今しばらくのこと。「さかさまにいかぬ年月よ。老《おい》は、えのがれぬ（逃れられない）わざなり」。光源氏は柏木に盃を持たせたまま、無理に酒を勧め飲ませた。

「空酔い」が言わせた言葉だが、それによって柏木はまるで呪われたかのよう。気分が悪くなって帰宅、そのまま病の床につき、ついに息を引き取った。

光源氏はこの後、孤独のうちに晩年を迎えることになる。不吉な酒——。

農民は酒飲むな

貴族らが美酒と美食に酔いしれる間に、それを支える農民たちに対しては、繰り返し禁酒令が出されていた。「酒など飲まずに農作業に専念せよ」。二〇〇〇年六月、石川県津幡《つばた》町の加茂遺跡で出土した平安時代の告知板は、その理不尽な命令を生々しくよみがえらせた。

「加賀郡牓示札《ぼうじさつ》」と名付けられたその告知板。縦二三・三センチ、横六一・三センチ、厚さ一・七センチの板に墨書されていた。平安時代当時の溝と思われる窪みから出土。墨の色自体は消えてしまっていたが、墨の防腐作用で文字の部分がくっきりと浮き彫りになっていた。このため、ほぼ全文を読むことができた。

嘉祥二年（八四九）二月二日の日付で、加賀郡の郡司が地元の村に伝えた八か条の命令。ポイントは次の三点だった。

①田夫《でんぷ》は寅《とら》の時（午前三時～五時）に田に下り、戌《いぬ》の時（午後七時～九時）に家に

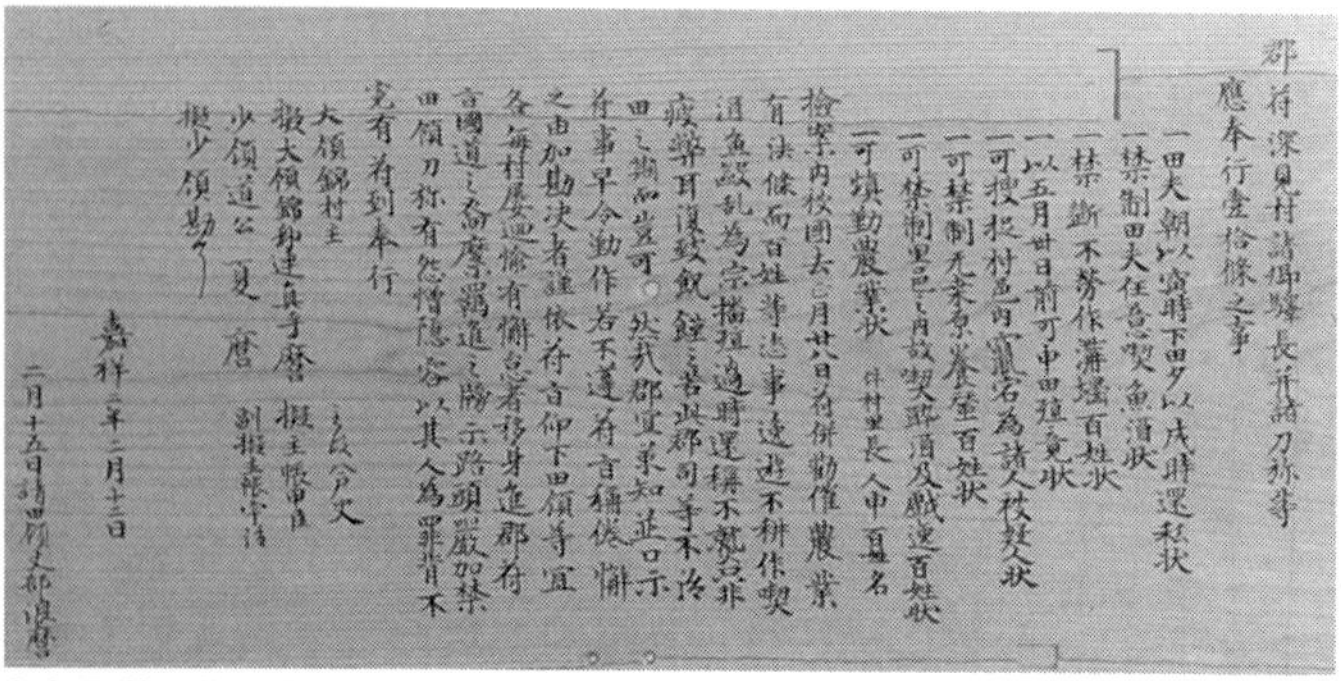

加賀郡牓示札の複製　1200年前の禁酒令を生々しく伝える。箇条書きの２番目が酒を禁じた部分、「魚酒」の文字が見える。石川県埋蔵文化財センター

帰れ。

②田夫が好きなように魚酒（酒とご馳走）を飲食することを禁じる。

③五月三〇日（現在の六月末）までに田植えを終えて報告せよ。

このあとには、加賀国から郡への〝お叱り〟の言葉も添えられている。

「農業を奨励する法があるのに、百姓らは怠けて魚酒を食べ、乱れた生活をしている。そのため、種まきや田植えの時期を逃し、稲が実らないと言う。これでは飢《き》饉《きん》になってしまう。郡司がよく治めていないためだ」

農民の飲酒について、朝廷はすでに「乙巳《いっし》の変」翌年の大化二年（六四六）三月二二日、最初の禁止令を出している。「農耕の月には田作

りに専念し、魚や酒を食することを禁ずる」（『日本書紀』）。

朝廷がどんな事態を恐れて、農民の飲酒をやめさせようとしたのか。延暦九年（七九〇）に出された太政官の魚酒禁止の命令書で、その意味がわかる。

土地を持ち、富を蓄えた者が農民に魚酒を飲ませ食わせして、田植えなど農繁期の手伝いをさせていたのだ。その一方で、貧しい農民は十分な魚や酒を用意できず、手伝いが得られないまま、田植えの時機を失してしまう。貧富の差が拡大する一因になっていた。

さらに弘仁二年（八一一）五月二一日には、事態が改善しないのは国司が放置しているためだとして、再度、魚酒禁止の徹底を命じている。しかし、それが功を奏さなかったのは、その後の「加賀郡牓示札」の文面から十分に読み取れるところだ。

公地公民制を基礎にした律令国家の基盤は、大きく揺らいでいた。

『日本霊異記《にほんりょういき》』の説話に登場する牛になった男（本書一〇〇ページ）は、貧しいながらも借りた酒で、周囲の助けを得て田植えをしようとしたのだろう。ところが、収穫を見ずに死んでしまった。なんとも「悲しい酒」である。

一方、農民限定ではなく、一般向けの禁酒令も、旱魃《かんばつ》や疫病の流行に際にして発令されていて、そんな禁酒令は『万葉集』の歌に詠みこまれている。

本書八一ページで紹介した大伴坂上女郎《おおとものさかのうえのいらつめ》の一首、「酒杯《さかずき》に　梅の花浮け　思ふどち飲みての後は　散りぬともよし」。

親しい者同士、飲んだあとは、もう梅の花は散ってもいいよ——といった歌だが、じつは、これにはこんな返歌が贈られていた。

官《つかさ》にも　許し給へり　今夜《こよい》のみ　飲まむ酒かも　散りこすなゆめ

役所の許可があるのです。今夜だけ飲む酒でしょうか。梅の花よ、決して散らないで——。天平宝字二年（七五八）の禁酒令は皇族まで対象とされたが、友人や同僚との飲み会は役所の許可があれば許されていた。

こちらは〝お目こぼしの酒〟である。

■古代日本の禁酒令

発令日	内容
646 年（大化 2 年）3 月 22 日	農耕の月、農民の魚酒禁止
772 年（養老 6 年）7 月 7 日	災害、旱魃しきり。飲酒禁止
732 年（天平 4 年）7 月 5 日	日照り。夏まで雨降らず。飲酒禁止
737 年（天平 9 年）5 月 19 日	疫病と旱魃対策。飲酒禁止
758 年（天平宝字 2 年）2 月 20 日	政治批判や暴力防止。祭祀、治療以外の飲酒禁止。官の許可あれば認める
770 年（宝亀元年）7 月 15 日	疫病、天変地異。肉、酒を断て
790 年（延暦 9 年）4 月 16 日	農繁期、農民の魚酒禁止
811 年（弘仁 2 年）5 月 21 日	農繁期、農民の魚酒禁止
849 年（嘉祥 2 年）2 月 12 日	「加賀郡牓示札」 農民の魚酒禁止

ここで一献

④春だけは飲めや歌え

相次ぐ禁酒令の乱発は、いかに酒好きの農民が多かったかを物語っているが、春には村を挙げての公認の飲み会が行われていた。

「春時祭田《さいでん》」といい、老人らを先頭にその年の豊作を祈り、神前での宴となった。天平神護二年（七六六）、越前国足羽《あすわ》郡の祭りでは、このときとばかりに飲んだ農民が酔い伏し、装束をつけることもできなかったなどという記録も。

そんなことだから農繁期は禁酒となったのか、それとも普段が禁酒だからこうなってしまうのか――。

汲めども尽きない水の酒

いくら禁じられても、酒だけはそう簡単には忘れられない。そんな農民たちが夢想するのは、汲めども尽きない酒の泉だ。

その代表例が、岐阜県養老町の源丞内《げんじょうない》さんが主人公の「孝子伝説」だ。

養老鉄道の養老駅から山道を歩くこと小一時間、落差三〇メートルの「養老の滝」がしぶきを上げて滝つぼを打ち付けている。ちょうどこのあたりの岩で、薪《まき》集めに疲れた丞内さんは、足を滑らせ倒れこんだのだろうか。

おや、漂う酒の香り。見れば石の間から水が流れ出ている。丞内さんは少しだけ舐《な》めてみた。老父が毎晩楽しみにしている酒に違いない。

いつもは薪を売ったお金で酒を買って帰るのだが、この酒さえあれば大丈夫だ。家に着くなり、老父に飲ませた。

「うみゃあ！　これは、まさしく酒や」と言ったかどうか。いずれにしても、以後、この酒を毎日、汲んで飲ませたのだという。

　このストーリーがいつ生まれたのかは、わからない。『続日本紀《しょくにほんぎ》』は、七一七年九月、元正《げんしょう》天皇が現地でこの地の水の不思議な効能を体験し、元号を「養老」に改元したと伝えている。しかし、それは肌が滑らかになり、痛みがとれたという効能で、酒だったとは書いていない。

　鎌倉時代の説話集『古今著聞集《ここんちょもんじゅう》』になると、丞内さんの名前は紹介し忘れているが、「美濃国の貧しい男が孝養によって養老酒を得た」と褒《ほ》めたたえ、酒の話にすり変わっている。

　よく似た孝行息子の話は、東日本では「コハシミズ」の伝説として各地に残る。

　そのひとつ、千葉県松戸市常盤平の「子和清水」。主人公は、

源丞内の像　養老鉄道の養老駅前に立っている。ぽっちゃりとして、穏やかな表情が印象的。養老の滝はここから歩いて約50分。岐阜県養老町

やはり貧しい若者だ。老いた父親は必ず酒に酔って帰ってくる。不思議に思って、ある日、あとをつけてみると、父親は湧き水を飲んでひと言、「うまい酒だ」。しかし、松戸の父親は丞内さんの老父ほどお人好しではなかったのか。あとで若者も飲んでみたがただの水。そんなことから、「親はうま酒、子は清水」。そう言い伝えられている。

子和清水の像　付近にはかつて子和清水遺跡があり、縄文時代中期の278軒の竪穴住居跡や貝塚などが発掘された。湧き水は枯れている。千葉県松戸市

茨城県石岡市村上の竹林には、「親諸白《もろはく》子清水古蹟」と刻まれた古い石碑が立っていた。こちらの父親も、金もないのに毎晩、上機嫌。息子がつけると、父親は林の中の清水を飲んで「あぁ、うんめえ」。こちらでも「親は諸白《もろはく》、子は清水」である。諸白は上質の酒という意味だ。

福島県石川町には、「小和清水」がある。この湧き水で産湯をつかっ

「親諸白子清水古蹟」の碑　建てられている地はかつて「村上千軒」といわれる大きな村だったというが、今では碑も竹やぶの中に。茨城県石岡市

た玉世《たまよ》姫《ひめ》こそ、恋多き平安中期の女流歌人・和泉式部だったとか。

同県会津若松市河東町には、読みは同じだが「強清水」。今も清冽《せいれつ》な水が湧き出ている。これが会津の酒ならなぁ、だれでもそう思うだろう。

民俗学者の柳田国男が、『孝子泉の伝説』という論文でこの「コハシミズ」に触れ、酒の伝説の残るこうした泉は、「巫術《ふじゅつ》の遺跡」との見方を示している（『柳田国男全集』第一五巻、筑摩書房）。一種の神がかりの儀式が、酒を介して行われていたのだ。その酒を醸すときに、こんこんと湧き出る清らかな水が使われたに違いない。

はじめに清冽《せいれつ》な水の湧き出る泉があり、それが神事の酒造りと結びついたのだろう。面白いことに、長野市や盛岡市などには「箱清《はこし》水《みず》」という地名が残る。「コハ」とは逆の「ハコ」だが、こちらには酒にからんだ言い伝えはないようだ。

豊かな水量の強清水　古くから「会津の名水」として知られ、旧二本松街道の休みどころとなっていた。地元のソバ屋で出すまんじゅうの天ぷらが有名。福島県会津若松市

「コハ」という言葉になんらかの隠された意味があるのだろう。たとえば、「強い」清水、つまり年中枯れない清水とか――。そして、その「コハ」の音から、「子には水」というストーリーが生み出されたのかも知れない。

しかし、このコハシミズ、全国、どこにでもあるわけではない。一二二ページの表は、二〇一二年、環境省の湧水調査で把握された全国の代表的な湧水リストから、コハシミズ関連と思われる個所を拾い上げたものだ。

東日本の、それも一部に集まっている理由はわからない。孝行息子が西日本にいなかったためでないことだけは確かだと思うが。

ここで一献

⑤沖縄でも、毎晩飲んで帰る漁師がいたが

琉球各地の民話などを集めた一八世紀ごろの書『遺老説伝《いろうせつでん》』が伝えている。

現在の中城《なかぐすく》村安里《あさと》に住む漁師が主人公だ。漁師は海から戻ると、いつも近くの佐久《さく》川《がわ》に寄って手足を洗ってから帰った。その川辺には美女がいて、壺に入った酒を飲ませてくれたのだ。

「決して人には話してはいけませんよ」

そう言われるまでもなく、黙っていたが、何しろ漁師は毎晩、酔って帰るのだ。不審に思った妻が問い詰めたのは当然のなりゆきだった。佐久川のことを聞き出した妻は、漁師の後をつけて行ってみた。確かに酒壺はあったが空。美女も二度と姿を見せることはなかった。

その後、「御水撫(うびなでい)」という儀式がこの川の水で行われることになったのだという。

■「コハシミズ」の湧水一覧

市区町村名	名称	概要等
千葉県松戸市常盤平7丁目	子和清水	現在は枯渇。井戸水をくみ上げ周辺も整備してある。
千葉県栄町龍角寺	親は古酒・子は清水	昔、親が飲むと古酒で子供が飲むとただの清水と言う言い伝えの清水。
福島県会津若松市河東町大字八田	強清水	民謡「会津磐梯山」にも謡われる、古くからの観光地。
福島県郡山市西田町丹伊田字平光内	子和清水	萱谷不動尊内の大木の根元から湧き出ている。
福島県石川町大字曲木字小和清水	小和清水	平安の女流歌人・和泉式部が産湯に使ったという謂れがあり、観光地のひとつになっている。
福島県古殿町大字松川字新集り	長寿の強清水	昭和63年、103歳で高齢者富士登山日本一になった当町の老人が愛飲。
新潟県弥彦村大字麓	子は清水	旧北国街道沿いに湧き出ている名水。水の神を祀る石祠があり、「子は清水伝説」をつたえる。
長野県塩尻市上西条	強清水	上西条神社境内に湧き出ている水。生活用水であり、憩いの場となっている。
長野県千曲市大字羽尾	こわ清水	石組み・樋を地元区で整備。
石川県輪島市門前町鬼屋	古和秀水	高尾山から湧き出る名水。
石川県能登町当目	古和秀水	当目山の岩間から湧き出し水量豊富。かつて修験者が修行した滝の一つ。

（環境省が平成24年度に実施した「湧水保全に係る情報調査」の代表的な湧水から拾い上げた）

第4章 武家の酒、争いの酒

酒壺破壊の鎌倉幕府

簡素質実の武家政権とはいっても、鎌倉武士が酒宴に臨まなくなったわけではない。三代執権《しっけん》の北条泰時《ほうじょうやすとき》（一一八三～一二四二）は、「断酒はしないが、大酒は飲まない」と微妙な決意を宣言、じつは決して嫌いではなかったようだ。

鎌倉時代の歴史書『吾妻鏡《あづまかがみ》』が伝えるエピソードだ。鎌倉武士の最長老格・和田義《わだよし》盛《もり》の一族を滅ぼし、執権政治の基礎を固めた建保元年（一二一三）五月の「和田氏の乱」でのこと。二日間の戦で義盛が戦死した夜、屋敷に集まった武将らに酒を勧めながら、泰時はこう打ち明けた。

「じつは前夜、酒宴があって、襲来を受けたときは、鎧《よろい》は着けたが、〝淵酔《えんすい》の余気〟で呆然《ぼうぜん》としていた。だから、今後、もう酒は止めようと思った」。「淵酔」とは深く酔ったことだから、二日酔いの反省である。

ところが続けて、「ただ、合戦のあと、喉《のど》を潤そうと思っていたら、武蔵の葛西六郎から小筒と杯を渡され、中の酒を飲んでしまった。人の心は変わるものだ。これからは、飲んでも大酒は控えることにしたい」とすまし顔だったという。

この泰時の節酒の決断を三代将軍・源実朝《さねとも》が知っていれば、こんなことにはならなかったのだろう。翌年二月四日、実朝は周囲が病ではと思うほどの淵酔の余気の中にいた。そこに登場したのが、臨済宗の開祖・栄西《えいさい》。中国から持ってきた茶を入れて、見事立ち直らせたという。この二日酔い対策に、今もお世話になる呑兵衛《のんべえ》が多いはずだ。

ところで、その実朝、二八歳の若さで右大臣に昇任、その拝賀のため鶴岡八幡宮《つるがおかはちまんぐう》（神奈川県鎌倉市）に参拝したが、その折に甥の公暁《くぎょう》に暗殺されてしまった。健保七年（一二一九）一月二七日。事件の真相は闇の中だが、これ

鶴岡八幡宮の石段　左側には暗殺前に公暁が隠れた大イチョウがあったが、2010 年 3 月に倒れた。今はイチョウの若木が植えられている。神奈川県鎌倉市

により源氏の将軍は三代で断絶した。

実朝の和歌の作者としての評価は高く、家集『金槐和歌集《きんかいわかしゅう》』を残している。収載された歌に、「しおがま（塩釜）の浦の松風かすむ（霞）なり八十島《やそしま》かけて春やたつらん」がある。宮城県塩釜市の清酒「浦霞《うらかすみ》」の酒銘は、この実朝の歌に由来する。

武家らしい質素な暮らし向きで名を残したのは、五代執権の北条時頼《ときより》（一二二七〜六三）だ。兼好《けんこう》法師の『徒然草《つれづれぐさ》』によれば、ある夜、重臣のひとりが誘いを受けて訪ねると、酒を飲もうという。ただし、家族も寝てしまい肴《さかな》はないので、台所を探してほしい、と。

見つけたのは、皿に少し残った味噌だけ。二人はそれを舐《な》め舐め、酒を酌み交わしたという。

その時頼が思い切った策に出た。建長四年（一二五二）九月三〇日、鎌倉はもちろん全国の市での沽酒《こしゅ》（酒の売買）を禁じたのだ。この禁制を決めるにあたり、鎌倉の民家を調べると、三万七二七四個の酒壺があったといい、一〇月一六日に改めて、一軒に一壺を除いてすべての酒壺を破却することにした。残す一壺もほかの目的で使うことが条件だった。

これらの壺が仮に四升（七・二リットル）の容量で、すべて満量入っていたとすると、その総量は一四九二石（二六八キロリットル）。日本酒造史にくわしい加藤百一《かとうももかず》氏はこうはじき出したうえで、当時の酒造技術でこれだけの酒を造るには一九八八石（二九八トン）のコメが必要だったとし、それは武者一〇〇〇人の四〇〇〇日分の兵糧《ひょうろ》米《うまい》に相当する、と試算している（『日本の酒　5000年』）。

　コメをつぶして造る酒。戦に備える武家にとっては、理屈のうえでは望ましいものではない。しかも、道義を重んじるのが、武家政権の基本理念である。酒は節度や礼節を乱すものであり、放置できないと判断したのだろう。

　ただ、この酒壺破棄の効果のほどは記録されていない。アメリカの禁酒法時代（一九二〇～三三）には、酒の密造や密売が横行し、ギャングが暗躍したが、鎌倉はどうだったのだろうか。

密議は踊る

京都・東山如意《にょい》ヶ《が》嶽《たけ》の夏を彩る送り火「大文字」。山肌に見えるその「大」の字の「右に払った先あたりが目印」と教わった。

驕《おご》る平家の打倒を企てた謀議の地、鹿《しし》ケ《が》谷《たに》への登り口だ。本当にこんな所に集まっていたのだろうか。木立に覆われ、薄暗く急な山道を登り続けて約三〇分、ようやく俊寛《しゅんかん》の碑が現れた。

はるか眼下に市街地を望むこの山中に俊寛の山荘があり、そこがまさに現場だった。今ではなんの痕跡も残されてはいないが、鎌倉時代前期の軍記物語『平家物語』は生々しく密議の場面を伝えている。

時は治承元年（一一七七）、平家一門の興隆と、それに反発する反平家勢力の策謀が渦巻いていた。その夜の山中の酒宴には、後《ご》白河《しらかわ》法皇みずから足を運んでいた。

平家を滅ぼさんとするはげしいやり取りに、一部から、「そんな話が漏れれば、天下の一大事になります」と驚きの声が上がり、法皇の寵臣・藤原成親《なりちか》が顔色を変えて立ち上がる。

その瞬間、成親の袖《そで》が法皇の前にあった瓶子《へいじ》（徳利）にひっかかり、瓶子が引き倒された。「どうしたことだ」と驚く法皇。

すると成親が一言。「平氏が倒れました」。瓶子に平氏をかけた駄洒落《だじゃれ》だ。法皇も機嫌よく応じ、「者ども、猿楽《さるがく》を舞え」。

平康頼《やすより》もおどけて、「あまりに平氏（瓶子）が多く、酔いました」。僧の俊寛は「さて、その瓶子をどうしよう」。これに応えて藤原師光《もろみつ》（西光）は「頸《くび》をとるに越したことはないでしょう」と言うやいなや、瓶子の首をもいでしまった。

この白熱の謀議、一人の参加者の密告から平氏側の知るところとなり、師光は死罪、俊寛らは鬼界ヶ島《きかいがしま》に配流《はいる》となった。

歴史は繰り返す。

この事件から約一五〇年、平家の栄華もとうに過ぎ、権力の中心は鎌倉に移っていた。しかし、北条氏の専制政治に反対する御家人《ごけにん》の不満や、諸国悪党の蜂起などから、鎌倉幕府も衰退の兆しを見せはじめた正中元年（一三二四）九月、後醍醐《ごだいご》天皇による

俊寛僧都の碑 この地に山荘があったとは思えない急峻な斜面の上にたつ。訪れる人も少ない。京都市左京区鹿ヶ谷大黒谷町

幕府討伐の計画が発覚した。「正中の変」だ。

この計画で、天皇側近の日野《ひの》資朝《すけとも》らが各地の武士らに参画を呼び掛け、天皇がその武士らと繰り広げたのが、「無礼講」だった。相手の心の内を探るのが狙いとはされているが、「その交会遊飲の体《てい》、見分耳目《けんぶんじもく》を驚かせり」と、軍記物語『太平記』の作者も目を丸くしたほどの羽目の外し方だった。

何しろ、その酒席では、身分の上下を問わず、男は全員、烏帽子《えぼし》を脱いで髻《もとどり》を放つという、当時としては〝ドレスコード〟違反の、まさに無礼な姿。法師も衣を着ないで、白衣になって加わった。そして、薄い肌着姿の一七、八歳の美女二〇人余りを侍《はべ》らせ、酌をさせていたという。

「山海の珍を尽くし、旨酒泉《ししゅ》の如くに湛《たた》えて、遊び戯れ舞い歌う」と『太平記』。幕府の目を欺《あざむ》くためのカモフラージュでもあったのだろうが、結局は参加者の不注意から密告されて、資朝は目的を達しないまま佐渡《さど》に流された。天皇は、無関係であると釈明してことなきをえた。

謀《はかりごと》は密なるをもってよしとす。しかし、どこかで漏れるもの。ことに酒が入った場合は——。

室町の酒好き将軍たち

劇作家の山崎正和氏は、著書の『室町記』(講談社文庫)をこう書きだしている。「日本史の中でも『室町期』の二百年ほど、乱れに乱れて、そのくせふしぎに豊穣な文化を産んだ時代はない」。生け花・茶の湯・連歌、そして能や狂言もこの時代の産物だった、と。

これに加えれば、酒造りの技術革新と飲酒の日常化が一気に進んだのも、この時代だったといえそうだ。

とにかく将軍家の酒浸りが度を超していた。大酒を諫《いさ》められたのは、五代将軍足利義量《よしかず》だ。応永三〇年(一四二三)、将軍職を辞した父の四代義持《よしもち》の後を継ぎ、一七歳で将軍となった。それは義持の決めたことではあるが、義量の酒については大きな不安があった。

義量まで三代の室町幕府に関する記録『花営三代記《かえいさんだいき》』によれば、応永二八年六月、義持は、当時一五歳の義量について、「大酒、甚《はなは》だもって然《しか》るべからず」とし、近臣らに対し、義量に酒を飲ませないよう命じたのだ。これに応じ、三六人が連名で確約のための起請文《きしようもん》を書いている。

これで目が覚めたとする記述は見当たらないが、いずれにしても病弱な義量は将軍としての実績を残す間もなく、大酒のエピソードだけを残して同三二年二月、一九歳で没した。

酒の席で思わぬ最期を迎えたのは、六代義教《よしのり》だ。神前でのクジで選ばれたことで有名なこの将軍は、何事につけても厳格すぎる処断で「万人恐怖」と評されたが、その末のあっけない幕切れだった。

嘉吉元年（一四四一）六月二四日、守護大名・赤松満祐《あかまつみつすけ》による「嘉吉の乱」だ。『嘉吉記』と伏見宮貞成《ふしみのみやさだふさ》の『看聞日記《かんもんにつき》』によれば、満祐は刀三〇〇振を新たに用意したうえで、「鴨《かも》の子が沢山《たくさん》できた」と義教を京都の屋敷に招待。一献のあとに猿楽《さるがく》を観賞、そのとき鳴り響いたのは、一斉に庭に放たれた馬の音だった。雷鳴にも似た轟音《ごうおん》。「何事ぞ」と叫んだ義教だったが、障子を開けて躍り込んできた武者に、あっけなく首を切り落とされた

西陣の石碑　応仁の乱で西軍の陣が置かれた西陣の由来を記している。京都市考古資料館の前。京都市上京区

貞成は、「自業自得《じごうじとく》だ。将軍のこのような犬死《いぬじに》は古来例を聞いたことがない」と一刀両断。これを機に、室町幕府の支配体制は大きく揺らぎはじめた。

　しかし、驚くべきは、応仁元年（一四六七）から一一年間、都を焼き尽くした応仁の乱で、なんらのリーダーシップを示さなかったとされる八代義政《よしまさ》だ。『応仁記』は冒頭、この大動乱について、天下の裁断を御台所《みだいどころ》の日野富子《ひのとみこ》らに任せ、「酒宴と淫楽の紛れ」に対応していた義政の執政に起因したものだ、と断じている。

　酒に逃げたのだろう。応仁の乱で最大の激戦といわれる相国寺《しょうこくじ》での合戦（一四六七年一〇月三日）。義政のいた「花の御所」は、となりの相国寺が焼けたため、その余煙に包まれていた。富子らが避難しようと騒ぐなか、義政は、「騒ぐこともなく、いつもどおりのようすで酒宴」に座っていた（『応仁記』）。

ひとり義政だけが酔眼の日々を送っていたわけではない。貴族の日記にも「沈酔」「すこぶる大飲」「余酔」などの言葉が並ぶ時代だった。応仁の乱も終息間近の文明九年（一四七七）七月二八日。興福寺大乗院門跡《こうふくじだいじょういんもんぜき》の尋尊《じんそん》は、この時代の支配層について、「公武上下、昼夜大酒」と嘆息している（『尋尊大僧正記』）。

時代を切り開いてゆく力は、室町幕府にはもう残されていなかった。

義政のあとを継いだ義尚《よしひさ》もまた、大酒飲み。文明一二年五月、一六歳の将軍は酔った挙句《あげく》、自分の髻《もとどり》を切り落としたという。日記に記した尋尊も、「行く末、心元無し《こころもとなし》」と書くほかなかった。結局、義尚は深酒と荒淫のため二五歳で病死、時代は否応《いやおう》なく戦国の世に突き進んだ。

酒で遊ぶ貴族たち

酒が社交の場での遊び道具と化したのは、室町時代の貴族の世界だった。スピードを競う「十度飲み」「鶯飲み」、酒をあてる「十種酒」。敗者には芸を披露させる「負《まけ》態《わざ》」（罰ゲーム）も行われていた。

単純な飲み比べは平安時代にも行われており、延喜一一年（九一一）には、八人の公家による飲み比べの御前試合があったことが知られている（『亭子《ていじ》院賜《いんし》飲記《いんき》』）。

これに対し、室町時代の酒戦は、完全にゲーム化していた。同時代の礼法書『宗五《そうご》大草紙《おおぞうし》』によれば、十度飲みは一〇人ずつの二チームに分かれ、それぞれ一〇杯の酒を飲む。そのスピードを競うわけだが、飲みながら話したり、物を食べたりした場合には「咎落《とがおとし》」として罰杯を飲まされた。

鶯飲みは、五つずつ梅の花のように並べられた杯、計一〇杯の酒を飲む速さを競う。

こうした遊びに興じた貴族たちが自分の日記に書き残している。

三条西実隆《さんじょうにしさねたか》は「(参内し) 鶯飲み、十度飲みなどあり、大飲暁天《ぎょうてん》(夜明けまで大酒)に及ぶ」。これは、応仁の乱がまだ続いていた文明八年(一四七六)四月五日の記述だが、翌六日は「余酣《よかん》」と二日酔いを訴えている。そもそもかなり酒好きとみえ、三月の日記をみると、一か月間に少なくとも三度も、十度飲みに参加していることがわかる。

一方、十種酒は単に飲むだけではなく、酒の味や香りを判別する。茶を飲み分ける「闘茶《とうちゃ》」や香を聞き分ける「十種香」を真似たものとみられるが、これが楽しめるようになった背景には、室町時代に入り、京都に多数の酒蔵ができ、各地に銘酒が生まれたということがありそうだ。

団体戦で、双方一〇人ずつが参加。十種香のルールをそのまま当てはめると、用意するのはABCDの四種類の酒。このうちD以外のABCの三種類は参加者にあらかじめ味わってもらう。そしてABCは三杯ずつ三回、Dは一杯だけ一回、計一〇杯を全員が利き分ける。

おそらくは一杯、一杯、吐き出すことなく、飲んでしまうのだろうから、これだけで結構な酒量になる。

甘露寺《かんろじ》親長《ちかなが》の日記では、文明六年（一四七四）三月二八日、後土御門《ごつちみかど》天皇に足利義政や夫人の日野富子らが加わり、十種酒が行われ、翌二九日には同じ参加者が集まり、今度は「負態」の宴。「大飲に及ぶ」（『親長卿記』）。

同じ参加者の山科言国《やましなときくに》によれば、負態は雅楽で、負けた参加者が笛や笙《しょう》を演奏した。言国は、「夜明くるまで御酒あり、チンスイ（沈酔）也」（『言国卿記』）。

乱世が生んだ趣味の時代だった。

京の銘酒の柳酒

日本の酒造りが専門化して飛躍的に拡大したのも室町時代だ。銘柄がものをいう時代に突入した時期でもある。

その中心となったのが京都だった。すでに鎌倉末期の元徳二年（一三三〇）には、後醍醐天皇宣旨《せんじ》に、「近日、京洛の俗、ひとえに利潤を専らにし、杜康《とこう》（酒造りのこと＝筆者注、本書六九ページ）の業、すこぶる繁多」（『東寺執行日記《とうじしぎょうにっき》』）とされるほどの活況を呈した。その約一〇〇年後の北野天満宮の「酒屋名簿」（一四二六年）には洛中洛外三四二軒の酒造業者名が登録されており、応仁の乱（一四六七〜七七）で京の町が焦土と化すまで、この賑わいは続いた。

これだけ酒造業者が乱立すれば、当然、飲んだ旨さの比較になる。ナンバー1の名を今に残しているのは、「五条坊門西洞院《にしのとういん》」にあったとされる酒造業者・柳酒屋《やなぎざけや》で造られた「柳酒」だった。ほかの酒よりも値が高かったのだが、公家らの贈答品として

発掘された酒蔵の遺跡　多数の穴は瓶（かめ）を据えたものとみられ、室町時代の都人が愛飲した酒を醸していたようだ。京都市下京区。京都市埋蔵文化財研究所

喜ばれ、名酒の代名詞的存在となっていた。

文正元年（一四六六）には柳酒屋が幕府に納めた酒屋役《さかややく》（税金）は年間七二〇貫にのぼった、と京都・相国寺《しょうこくじ》関連の記録『蔭涼軒日録《いんりょうけんにちろく》』に記されている。これは年間の全酒屋役の一〇分の一以上の額だった。

その酒屋役がスタートしたのは明徳四年（一三九三）のこと。酒販売を禁じる沽酒《こしゅ》禁止の立場を堅持した鎌倉幕府から、室町幕府に代わって創設された恒久的な税制で、土倉《どそう》・酒屋を対象にした。金融業者である土倉の多くが、その財を投じて酒造りもしていたのだ。

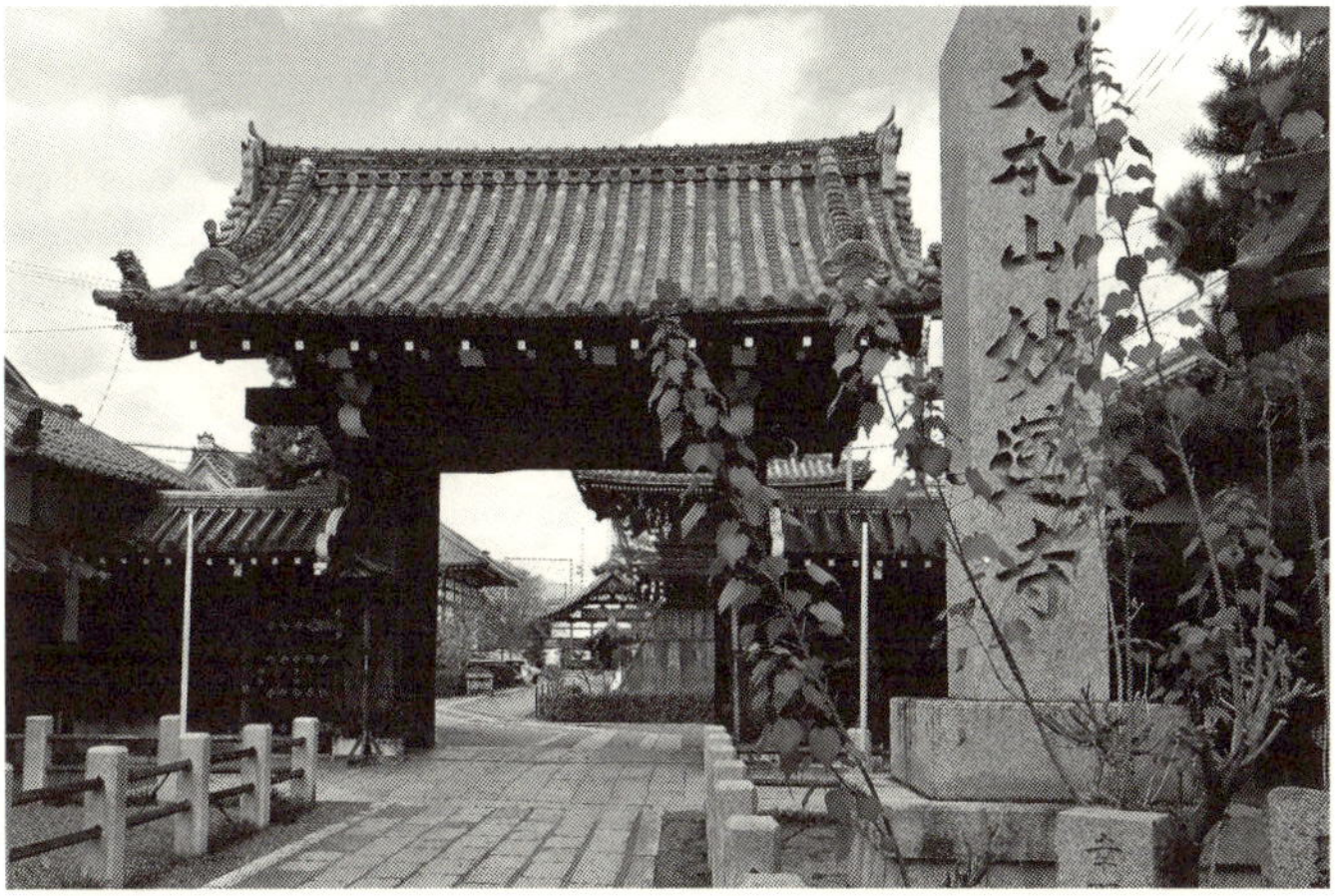

妙蓮寺の山門　もとは四条大宮付近にあった寺だが、豊臣秀吉の聚楽第造営で現在地に移転した。山号の「卯木山」はお守りに記されている。京都市上京区

財政難に苦しむ幕府にとっては、ついに手に入れた新財源。酒壺の数に応じた税額を徴収したとみられ、年間六〇〇〇貫の歳入を見込んでいた。そのうちの七二〇貫が柳酒屋の納めた分だった。

柳酒屋があった場所に近い下京区の市立下京中学校舎建設地で、二〇〇五年、大規模な酒造業者の酒蔵跡が発掘された。東西一四メートル、南北一六メートルの範囲に約二〇〇個の穴が見つかったが、いずれの穴も直径六〇センチ、深さ四〇センチほどの大きさで、酒を入れた瓶《かめ》が整然と並んでいたとみられる。鎌倉時代中ごろから操業を始

め、室町時代に大規模化したようだ。

ただ、その瓶が、あるとき、一斉に撤去され、残ったものも底を打ち抜かれていた。しかも先の北野天満宮の酒屋名簿には、この場所での操業は記録されていない。

ちょうどそのころ、京都内外での麹《こうじ》製造販売権の独占をめぐり、同業者組合の麹座と酒造業者との対立が激化していた。最後は北野天満宮の社殿が焼かれる事態となり（「文安の麹騒動」＝一四四四年）、独占は崩れるのだが、そこにいたる過程で、この下京区の酒蔵は、なんらかの外圧によって操業停止に追い込まれた、とみることができそうだ。

利をもたらすものは、争いももたらす。栄枯盛衰は世の常だ。柳酒屋はその操業の跡さえ見つかっていない。ただ上京区の妙蓮寺《みょうれんじ》は、永仁二年（一二九四）の創建時、柳酒屋の主、中興《なかおき》の夫人が帰依していた。そんな縁から、かつては「柳寺」と呼ばれていたこともあったのだが、今も山号の「卯木山《うぼくさん》」の文字に名残を見ることができる。「柳」の字。それを分解した「木」と「卯」である。

酒呑童子退治の酒

人口三〇万人という推計もある中世の京都だが、夜ともなれば、深い闇の中で人間の非力をあざ笑うかのように、鬼や妖怪が跳梁跋扈《ちょうりょうばっこ》した。

暗躍した鬼のなかに「酒呑童子《しゅてんどうじ》」もいた（『御伽草子』）。年若い女性たちをさらって、搾《しぼ》った血を酒として飲み、切り取った肉を肴《さかな》として食べる鬼である。

天皇の命を受け、源頼光《よりみつ》ら六人の武士が、鬼の隠れ住む丹波国の大江山に入り、女性たちを救出したのだが、この鬼退治の決め手になったのが「神便鬼毒酒《じんべんきどくしゅ》」という不思議な酒だった。

人知を越えた変化や不思議という意味の「神変奇特《じんべんきどく》」。それに掛けた酒の名前だ。この酒を頼光らに授けたのは、神の化身とされる三人の翁《おきな》。その言によれば、「鬼が飲めば、自由に飛べる力もなくなり、切っても突いてもわからなくなる。御身（頼光）たちが飲めば薬になる」というわけだ。

源頼光らの像　大江山の山中で酒呑童子を探す山伏姿の頼光らを再現している。日本の鬼の交流博物館前に置かれている。京都府福知山市

その不思議な酒を得て、頼光らは山を登り、岩穴を潜《くぐ》り抜《ぬ》けるなどして、ついに酒呑童子が手下の鬼たちと住む「鉄の御所」にたどり着いた。さらわれた女性たちもそこに閉じ込められていた。

山伏《やまぶし》と偽り宿を求めた頼光に、酒呑童子が「一献差し上げよう」と勧めたのは血の酒。これをさらりと飲み干した頼光は、「都から持参の酒がある」と、「神便鬼毒酒」を取り出し、自分が毒味したうえで酒呑童子に飲ませた。

盛り上がる酒宴。効果は抜群だった。酔いの回った酒呑童子は部屋に

駅前の鬼　日本の鬼の交流博物館へは大江駅からバスがある。京都丹後鉄道大江駅

戻って寝入ってしまった。頼光らがその部屋に入ると、三人の翁がすでに酒呑童子の手足を鎖《くさり》で柱につないでいた。それもあって、酒呑童子はまったく反撃に出ることもなく、雷のような喚《わめ》き声《ごえ》を上げて頼光らに切り殺されたのだ。

　さて、そんな酒があるならば、と大江山に出掛けたが、残念ながら見当たらない。山頂近くには「日本の鬼の交流博物館」（京都府福知山市）があり、酒呑童子の物語を思い出させてくれるが、酒屋はなかった。

　それにしても「神便鬼毒酒」とは言い得て妙だ。酒の効き目が、善人に対しては衆《しゅ》生《じょう》を導く方便となり、鬼に対しては毒になる。ただ、頼光らはつねに善人なのだろうか。時に飲み過ぎて、絡《から》みだすことはないのだろうか。ほろ酔いで穏やかな酒呑童子がいてもおかしくはない。

どんな酒でも薬になったり、毒になったりする。頼光にだって、毒になることがあるのだ。昭和初期にかけての私小説作家、葛西善蔵《かさいぜんぞう》は酒びたり、酒狂いの日々を送った末に、こう呟《つぶや》いた。

「酒はいいものだ。

実においしくって。

毒の中では一番いいものだ」（『葛西善蔵随想集』福武文庫）

酒呑童子も同じ思いだったのだろう。この域に達すると、もう怖いものはない。

第5章

寺の酒、桶の酒

清酒発祥の地は寺だった

天正一〇年（一五八二）五月一二日、奈良・興福寺の塔頭《たっちゅう》、多聞院《たもんいん》に、安土城《あづちじょう》から要請が届いた。織田信長が三日後の一五日に徳川家康を安土城に招待したので、杯台と酒などを送るよう求めてきたのだ。

酒については、「山樽三荷諸白《もろはく》上々、一荷に酒三斗ずつ」。つまり、合わせて九斗の「山樽」を家康接待用に指定してきたことになる。献上後の五月一八日には礼状も届いている（『多聞院日記』）。

この接待役を、当初、信長は明智《あけち》光秀《みつひで》に命じていた。しかし、その準備に不備があり、光秀は信長からきびしく折檻《せっかん》されたという説がある。接待役をはずされ、「山樽」を飲めなくなった恨みではないだろうが、光秀による本能寺の変が起きたのは、半月後の六月二日未明のこと。天下統一を目前に、信長は自刃《じじん》した。

なにしろ評判の高い酒だった。「山樽」とよばれたその酒を造っていたのは、正暦三年（九九二）創建の正暦寺《しょうりゃくじ》（奈良市菩提山町《ぼだいせんちょう》）だ。かつては堂塔伽藍《どうとうがらん》を中心に八六坊の塔頭が並んだ大寺院だったが、度重なる兵火などで、多くを焼かれてしまった。

この寺で酒造りがいつ始まったのかははっきりとしないが、一五世紀中ごろには本格的に酒造りを行っていたようだ。現代の感覚では奇異な印象を受ける寺の酒造りだが、本地垂迹説《ほんじすいじゃくせつ》の神仏習合のなかで、境内《けいだい》の神社で使うお神酒《みき》のため、酒造りを行う寺も少なくなかったとみられる。

「僧房酒」とも呼ばれ、はじめは自家用だった。ところが、寺領の荘園から届くコメと働き手、そして広い敷地がある寺では、しだいに販売用へと拡大させたと考えられる。莫大《ばくだい》な財源になったに違いない。

「山樽」の旨《うま》さのポイントは、「諸白《もろはく》」と「菩提酛《ぼだいもと》」だ。諸白は、仕込み用のコメ（掛け米）はもちろん、麹《こうじ》用のコメ（麹米）も精白して造った酒である。現代では当たり前の方法だが、人力で精米するしかない当時、白米は仕込み用だけで、麹用は玄米という片白《かたはく》が一般的だった。その意味で、諸白は、日本の酒造りをいっそう洗練されたものにし、味わいも一段とピュアなものになっただろう。

また、山号の「菩提山」から名付けられた「菩提酛」は、白米を漬《つ》けた水にご飯を

金剛寺の楼門　南北朝時代には後村上天皇が５年にわたり、同寺の食堂を政庁とし、天野行宮（あんぐう）と呼ばれた。大阪府河内長野市

正暦寺の石碑　今は紅葉の名所となった同寺だが、境内にたつ「日本清酒発祥の地」の碑がユニークな歴史を思い出させてくれる。奈良市

加えるなどして、乳酸菌と酵母《こうぼ》を育てる手法で、現代の速醸酛《そくじょうもと》の原型と考えられる。これもまた画期的な技術だ（本書二四七ページ参照）。

正暦寺のこうした酒造りは、江戸時代に入るころまで行われ、「南都諸白」として広く知られた。このため、これが本格的な日本の酒造りの原点として、境内には「日本清酒発祥の地」と「菩提酛創醸地」の二つの石碑が建てられている。

もうひとつ名高い僧房酒として、天野《あまの》山金剛寺《さんこんごうじ》（大阪府河内長野市天野町）の「天野《あまの》酒《ざけ》」がある。永享四年（一四三二）に『看聞御記』に登場するのが一番古い記録のようだが、その味わいは絶品で、贈答用に広く使われた。また寺からは、織田信長・豊臣秀吉をはじめとした戦国武将に陣中見舞いとして献上されたという。宝物館には、この酒を大変に好んだという秀吉からの朱印状《しゅいんじょう》が展示されている。

こちらも現在はすでに造っておらず、奥殿の廊下に展示された備前焼《びぜんやき》の「天野酒醸造用大甕《おおがめ》」がわずかに往時を偲《しの》ばせている。

慶長三年（一五九八）三月一五日、豊臣秀吉が京都・醍醐寺《だいごじ》で開いた豪華絢爛《ごうかけんらん》たる花見の宴。そこでは、天野酒や正暦寺の酒はもちろん、当時、名をとどろかせた各地の酒が振る舞われた。たとえば、加賀の菊酒、摂津《せっつ》の平野酒、博多の練貫《ねりぬき》酒、伊豆の江川酒などの名が『太閤記』にあげられている。しかし、一世を風靡《ふうび》した京都の柳酒の名はもはやなかった。

火入れとドイツ人学者の置き土産

火落ち菌と呼ばれる乳酸菌の一種が、日本酒造りでの最大の敵だ。酒造りの過程で、これが増殖すると白濁して腐り、捨てるしかなくなる（腐造）。その対策として、今も行われているのが、発酵を終えたあと酒の温度を一気に七〇度くらいまで熱する、火入れという手法だ（本書二四九ページ参照）。

この手法は、一六世紀後半、戦国時代の終わりには確立していたとみられている。江戸時代に秋田藩主となる佐竹氏の室町時代の文書『御《ご》酒之《しゅの》日記《にっき》』や、奈良・興福寺多聞院の『多聞院日記』などから判明した。たとえば、『御酒之日記』では、「飲み燗」「手引き燗」という表現で温度を指示している。温度計がない時代の目安である。飲み燗は四〇度くらい、手引き燗は手が入れられない熱さの六〇度くらいだろう。

この火入れは、今でいう低温殺菌だ。食品を六、七〇度の温度で殺菌するこの手法は、一八六五年にフランスの化学者パスツールが考案した。ワインにも日本酒の腐造と同じような酒質の悪化がおきるため、パスツールは顕微鏡を駆使して原因を究明、微生物の働きであることを突き止め、低温殺菌にたどりついた。

日本では、明治の初めに来日した英国とドイツの学者が、日本酒の火入れも同様の手法であることを、はじめて科学的に解き明かしたのだ。日本人は西欧よりじつに三〇〇年も前に、体験的に低温殺菌を会得していたのである。

ただ、火入れ直後は無菌状態になっても、その後の保管中に菌が入って腐敗するケースが、あとを絶たなかった。木製の桶《おけ》や樽《たる》は室町時代の大きな進歩ではあるが、完全に殺菌することは困難だったのだ。

そこでドイツ人学者コルシェルトが提唱したのが、サリチル酸という防腐剤の使用だった。明治一一年(一八七八)に利用が開始され、以来、食品添加物が社会問題化する昭和四五年(一九七〇)まで延々と使われつづけた。

日本の酒造りの歴史で、火入れは間違いなく誇るべき技術開発だ。ただ、腐造の不安から、明治の置き土産を、あまりに長く大事にしすぎたようだ。火入れは現在もしっかりと行われているが、さすがにサリチル酸は使われてはいない。

桶が後押しした酒造りの大発展

室町時代は、日本の酒造りにとって、道具の面でも大きな飛躍の時代だった。桶《おけ》と樽《たる》である。それを促す技術革新が中国からもたらされたのだ。今でこそ仕込みは金属製のタンクが使われているが、もともとは陶器の瓶《かめ》だった。それが木の桶と樽に代わったのだ。そのことで酒造りは一気に大型化、商業化する態勢を整えることができた。

一五世紀ごろまで、酒の仕込みに使われてきた陶器の瓶は、一、二石入りから、室町時代には三石入り程度まで大型化したが、総量で一〇〇石も造るような蔵となると、多数の瓶と、それを設置できるだけの広い敷地とが必要となる。

そこにもたらされたのが、製材用のノコギリや加工用のカンナだった。桶自体は、以前から国内に持ち込まれていたようだが、木材加工技術の革新があってはじめて、国産の桶が作れるようになった。

短冊型の杉の板をぴたりと合わせて円筒形にし、竹製のタガを締める。その専門職

酒造現場のタンク　現在の酒造では、木製の桶・樽ではなく、金属製のタンクが使われている。福島県三春町、佐藤酒造

人の「結桶師《ゆいおけし》」も生まれた。

たとえば、奈良・興福寺の塔頭《たっちゅう》、多聞院《たもんいん》の日記によれば、天正二年（一五七四）一一月一三日に結桶師が来て、手間賃六〇文で、荷桶ひとつ、タライひとつ、釣瓶《つるべ》ひとつ、上桶《じょうおけ》ひとつを新調している。天正一〇年（一五八二）一月三日には、多聞院で尼が酒の桶に転落死する事故が起きた。この桶は一〇石入りの大きさだった。輸送用には、すでに一斗半入りの樽も使われていた。

こうした桶・樽作りがあればこそ、江戸時代には一〇〇〇石造り

酒樽の鏡割り　毎冬、行われる蔵開きは地域のファンの楽しみ。茨城県取手市、田中酒造店

の酒造家が生まれたのだが、利用したのは二〇石、三〇石入りの仕込み桶だった。

　そして上方の酒造家が多量の酒を江戸に送り出し、江戸っ子を喜ばせることができたのも、頑丈な四斗入りの樽のお陰である。

　この樽・桶は、同時に、杉材を切り出す奈良県・吉野の林業振興につながり、さらに空き樽は千葉県内の醤油造りで再利用された。現代の言葉でいえば、まさに酒造業発展の波及効果だった。

焼酎、みりんも中世に登場

日本の酒文化をいっそう豊かにしたものに、焼酎《しょうちゅう》がある。蒸留酒に分類される焼酎は、醸造酒である日本酒とは香りや味わいの違いが明確だ。オンザロックもよし、お湯割りもよし。

その日本伝来にはさまざまなルートが考えられている。比較的はっきりしているのが泡盛《あわもり》のルートだ。一五世紀前半にはシャム国（現在のタイ）から琉球《りゅうきゅう》王国（沖縄）に製造技術が伝えられたと考えられている。

九州への焼酎伝来は、この沖縄ルート説のほか、中国・朝鮮・南蛮などの諸説がある。こうしたなか、「焼酎」の文字を残す最古の〝物証〟が、鹿児島県伊佐《いさ》市の郡山八幡《こおりやまはちまん》神社で見つかっている。永禄二年（一五五九）の補修の際に使われた木片だ。そこには八月一一日付で、「座主《ざす》がケチで一度も焼酎をくれなかった」とぼやく宮大工の落書きがつづられていた。

一六世紀半ばには、この地域でも焼酎が飲まれていたことの動かぬ証拠である。しかし、それにしても、酒の恨みは恐ろしい。

焼酎造りの特徴は、醸造プラス蒸留という二段階の展開だ。米焼酎・麦焼酎・甘藷《かんしよ》（サツマイモ）焼酎など、「乙類」あるいは「本格焼酎」と呼ばれる伝統的な焼酎の場合で説明しよう。

日本酒と同様、麹《こうじ》を使うものの、日本酒の黄麹に対し、焼酎は一般的には黒麹か白麹だ。デンプンを糖化する点では日本酒と同じだが、この黒麹と白麹はクエン酸を発生させて雑菌の繁殖を抑える役割も果たす。

この麹による一次仕込みで酵母を増殖させる。そして、コメや甘藷など、その土地、その土地の原料を加えて発酵させるのが二次仕込みで、アルコール分一四度から二〇度の醪《もろみ》ができる。ここまでが「醸造」だ。

つづく「蒸留」に使うのは「単式蒸留機（ポットスチル）」という装置で、この中で熱して発生する蒸気を冷却、アルコール分三七度から四三度の焼酎の原酒ができる。酒税法で四五度を超えてはいけないとされている。

通常の気圧（常圧）であれば、アルコールの沸点《ふつてん》は摂氏約七八度。減圧すると沸点が下がるため、蒸留液にアルコール以外の成分が、より少なくなる。風味がより軽快になるとされ、現代ではこうした減圧蒸留の焼酎も造られている。

この本格焼酎に対して、一九世紀に発明された「連続式蒸留機」を用いるのが「甲類」だ。ホワイトリカーとも呼ばれる。

連続して多段階の蒸留を行うもので、一般的には砂糖精製後の廃糖蜜などを原料に九七度くらいのアルコールを製造、これに水を加えて規定の三六度未満の製品にする。

中世に登場したもうひとつの酒がみりん（本みりん）だ。今では料理用として使われているが、アルコール分も一四度前後あるれっきとした酒類。最古の記録は文禄二年（一五九三）に残されている。

これは豊臣秀吉への献上品に関する記述で、当時は、甘味の強い珍しい酒として扱われていたようだ。

みりんと日本酒との最大の違いは、仕込み水の代わりに焼酎を使う点だ。原料のコメ、そして麹も糯米《もちごめ》を利用する点で異なっている。約二か月熟成させ、この間、麹によってデンプンが糖分に、タンパク質がアミノ酸に分解されるが、酵母による発酵は行われず、そのまま搾《しぼ》られる。分類上は「混成酒」とされる。

ここで一献

⑥最古の焼酎、恨み節の全文!!

永禄二歳八月十一日　作次郎
鶴田助太郎

その時座主ハ大キナこすてをち
やりて一度も焼酎ヲ不被下候
何共めいわくな事哉

これを書いた二人の宮大工も、こんなに大騒ぎされるとは思ってもみなかっただろう。文面を今の言葉にすると、

施主は、「大きなこすておちゃりて(とてもケチでいらっしゃって)、一度も焼酎を下されず候。何とも迷惑なことかな」。

鹿児島県伊佐市の郡山八幡神社で、この二人が本殿の修理を行ったのは永禄二年(一五五九)のこと。その際、普通なら出されるはずの焼酎が、まったく出なかったというわけだ。確かに現在でも、地鎮祭や上棟式などでは、酒を供えての儀式のあとに、関係者による宴席となるのだが――。

よほど悔しかったのだろう。この恨み節は、柱をつなぐ横木の先端を補修した木片の裏にしっかりと書き込まれ、クギで打ち付けられていた。

これがわかったのは、昭和二九年(一九五四)の改修時だ。じつに四〇〇年後のことである。

しかし、二人の補修のお陰だろう、永正四年(一五〇七)に建てられた本殿は今も美しい姿を保ち、国の重要文化財に指定されている。腕はよかったのだ。

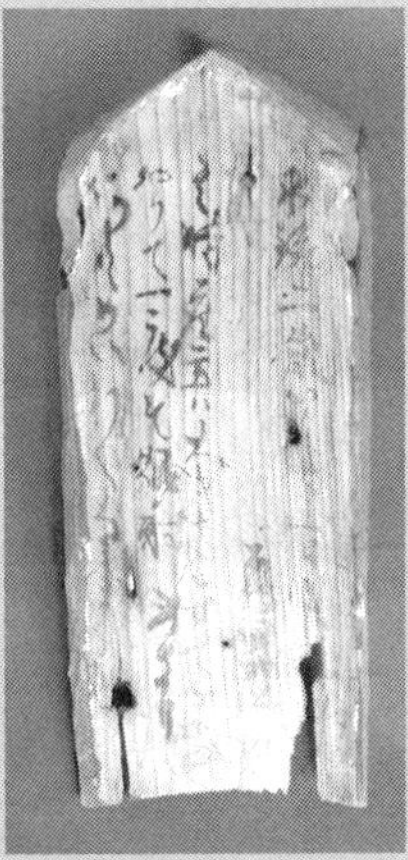

最古の「焼酎」文字木札
落書きとはいえ、手慣れた筆による墨書で、ごていねいに名前まで記している。鹿児島県伊佐市教育委員会

武将たちの酔いっぷり

戦に明け暮れた戦国武将、その気風を残す江戸時代初期の武家にも、酒にからむエピソードは数多い。

ご存知、黒田節。福岡藩士の母里太兵衛《もりたへえ》（一五五六〜一六一五）が飲み取った「日本一《ひのもといち》」の大槍「日本号」は、今や福岡市博物館ご自慢の所蔵品だ。長さ三メートル余。穂先に不動明王《ふどうみようおう》の剣が彫り込まれた、なんとも恐ろしげな大槍である。

ＪＲ博多駅前には、大きな酒杯とともに、この槍を誇らしげに持つ太兵衛の像。同じような像は、藩祖・黒田如水らを祭る光雲《てるも》神社（福岡市中央区西公園）にもある。まさに今に生きる武勇伝である。

しかし、飲み取られた側、つまり福島正則《ふくしままさのり》にしてみれば、これほどバカらしい話もない。豊臣秀吉に仕え、幾多の戦で軍功を上げた武将ではあったのだ。それがなんでこんなことで――。

母里太兵衛の等身大銅像　手には大槍と大杯。福岡藩祖・黒田如水と初代藩主・長政が祀られている光雲（てるも）神社の境内に立つ。福岡市中央区西公園

貝原益軒《かいばらえきけん》が『黒田家臣伝』に書き残している。

それはまだ秀吉在世中の話である。

その日、正則は太兵衛を京都・伏見の屋敷に招いて酒宴を開いた。大きな杯を持ち出し、「これにて飲むべし」。驚く太兵衛は、「もってのほか」と断るが、正則は、「これで飲んだらなんでも望みの物を引き出物にしよう」。

太兵衛の頭に浮かんだのが、正則が秀吉から授かった日本号だ。「あの槍を賜《たまわ》ることができるのなら」。正則はすでに酔っていた。太兵衛が藩随一の酒豪であることも忘れていた。

結局、見事に飲み取られてしまったのを正則が理解できたのは、翌日、目を覚ましたあとだった。使いを出して返還を求めたものの、当然ながらあとの祭りだった。

この大失敗にも学ぶこと少なかった正則、徳川家康から安芸国《あき》広島城主として四九万八〇〇〇石を与えられたものの、のちに信濃に移され、零落の晩年を送っている。

土佐国の戦国大名の長曾我部元《ちょうそかべもと》親《ちか》は、禁酒令をみずから破った。軍記『土佐物語《とさものがたり》』が伝えている。

鍋島勝茂の墓碑　鍋島家の菩提寺、高伝寺には、歴代藩主の墓碑などが並ぶ。大隈重信が子供のころ登ってしかられたという老木がある。佐賀市本庄町

禁酒令は、「我が領内で酒を飲んだ者は罪科に処する」と宣告。それ以後、酒の売買は行われず、冠婚の席でも酒が姿を消したのは無理もない。

そんなある日、武勇で知られる家臣の福留隼人《ふくどめはやと》が家を出ると、樽《たる》を運ぶ姿が。不思議に思い、「どこに持ってゆくのか」と聞けば、「お城の御用です」。

隼人は考えた。「殿に違いない。諸人の鏡となる人がみずから法に背《そむ》いて、どうして道理が立つものか」。そう思い定めた隼人は、有無を言わせず樽を取り上げると、二つ、三つと打ち砕いてしまった。

驚きあわてたのが家老の面々。「隼人狂乱」と元親の下に駆け込んだ。ところが、意外にも元親は、「いやいや、狂気ではない。元親を諌《いさ》めようとしたものだ。今日から杯は手にしない」と、即座に隼人の行動の意味を理解したとか。

そこで家老たちは安堵《あんど》したのか、「酔っ払いを嫌って、酒を禁じるのは、火事、洪水を見て、火や水を憎むのと同じこと」と禁酒令の撤回を進言。元親は「飲酒」ではなく「乱酒」を禁じることにした。

死後も酒の相手に困らなかったのが、佐賀藩初代藩主の鍋島勝茂《なべしまかつしげ》だ。明暦三年（一六五七）三月二四日、七八歳で没したが、このとき、藩士二八人がそのあとを追って切腹した。元藩士の山本常朝《やまもとつねとも》が語ったエピソードによれば、全員が上戸《じょうご》だった（『葉隠』）。

一周忌の法事でのことだ。担当の役人が勘定書きを見て驚いた。用意した酒が五石。今の一升ビンで五〇〇〇本分の量だ。「書き間違いでは」と尋ねる役人に、係の男が涙ながらに説明した。

「泰盛院（勝茂）様は毎日、朝夕晩の三度、中椀で三杯ずつお酒を召し上がっていました。お供の衆（二八人）も下戸《げこ》ではありません。今回は一生懸命、皆様にお酒をお

常朝先生垂訓碑　山本常朝の隠棲の地であり、ここで「葉隠」が語られた。「葉隠発祥の地」でもある。佐賀市金立町

勧めしましたが――」

佐賀藩の殉死《じゅんし》は二代藩主の光茂《みつしげ》によって禁じられた。光茂に仕えた常朝は、その死後、追腹《おいばら》を切ることもできずに出家した。その常朝が語る主従の言行録を編集したのが『葉隠』だ。

武士道の人、常朝は、酒に関しても一家言持っていた。

「酒というものはきれいに切り上げてこそ酒。それに気付かないと、いやしく見える。おおかた飲み方に人物が見えるものだ。酒席は公界《くがい》（公の場、晴れの場＝筆者注）と心得よ」（『葉隠』聞書一の二三）、「大酒を飲んで失敗した人は多い。残念なことだ。まず自分の酒量をよく覚え、それ以上は飲まないようにしたい。それでも時により、酔い過ごすことがある。酒席では気を抜かず、思いがけないことが起きても対処できるように心がけるべきだ。酒席は公界と心得よ」（『葉隠』聞書一の六八）。

至極まっとうなアドバイスである。

『葉隠』を「わたしの文学の母胎」「永遠の活力の供給源」としていた小説家の三島《みしま》由紀夫《ゆきお》は、『葉隠入門』（新潮文庫）でこのアドバイスについて、「これはあたかもイギリスのゼントルマンシップと同様である」と絶賛。そのうえで、「しかし、『葉隠』がこのように言っているのは、これと反対の事例が、いま同様いかに多かったかを証明するものでしかない」と結んでいる。

酒封じの神を生んだ大坂の陣

大坂・天王寺区にある一心寺《いっしんじ》。その一角に、多数のしゃもじがぶら下がっている。どれもこれも断酒の願いばかり。なぜしゃもじとなったのかはわからないが、家庭の暮らしの象徴のようなしゃもじに記されたことで、家族の思いの切実さがかえって浮き彫りにされている。

「パパと家族みんながいつも笑っていられますように」「お酒で死にませんように」「もう酒には近寄らない」。

どの書き込みも、叫びのようだ。

ただ、しゃもじの吊るされている場所が、不思議と言えば不思議である。元和元年（一六一五）の大坂夏の陣で討ち死にした徳川方の武将、本多《ほんだ》忠朝《ただとも》の墓所を囲む白壁なのだ。

一心寺付近は、豊臣家滅亡につながったこの大戦の激戦の地だった。

本多忠朝の墓　元和２年（1616）に建立された。「酒封じの神」として信奉され、周囲の壁に断酒の願いを書いたしゃもじが掛けられている。大阪市天王寺区、一心寺

すぐ隣にある標高二六メートルの茶臼山《ちゃうすやま》は、前年（慶長一九年）の冬の陣では徳川家康《とくがわいえやす》が、そして夏の陣では真田幸村《さなだゆきむら》が、それぞれ本陣を置いた地だったのだ。このため、江戸時代には、茶臼山は家康ゆかりの聖地として立ち入りが禁じられていた。

一方、忠朝は、徳川家康の四天王のひとりといわれた本多忠勝《ただかつ》の第二子。関ヶ原の合戦での武功により、慶長六年、現在の千葉県の大多喜《おおたき》城五万石の城主となった。同一四年九月には領内の御宿《おんじゅく》（現・御宿町）でスペインの帆船サン・フランシスコ号が暴風雨のために座《ざ》礁《しょう》、乗っていたスペイン領フィリピンの臨時総督ドン・ロドリゴら一行三一七人に対し、手厚い保護を与えたことでも知られている。

一心寺の断酒祈願のしゃもじ　酒に苦しむ本人、その家族らが忠朝の墓を参拝し、このしゃもじに願いを書いたうえで、墓所を囲む壁面に下げて奉納する。

一心寺にある大きな五輪塔《ごりんとう》が忠朝の墓である。左右には一緒に戦陣に散った家臣らの墓。説明文によれば、忠朝は、深く酒の害を悔いながら戦死した「酒封じの神」だという。

でも、なんで？

江戸時代の軍記物語『難波戦記《なにわせんき》』などには、そんな記述はない。

冬の陣に出陣した忠朝は、指示された攻め口の先に水勢のはげしい川があるため、家康に攻め口の移動を願い出た。

家康は激怒した。「忠勝は山でも川でも、我が指揮を守って戦ったのに、その父親に似つかわしくない奴だ」。

翌年の夏の陣。この恥辱《ちじょく》をそそぐには、

ここで見事に死ぬほかない。五月七日、忠朝、時に三四歳。少数の兵を従えて、徳川勢のなかから飛び出した。家臣のひとりには「嘴《くちばし》青き大将」とあきれられながらも奮戦。そして討たれた。

一心寺に伝わる話は違う。大阪城天守閣の北川央《きたがわひろし》館長が『大坂城と大坂の陣』（新風書房）に書いている。

忠朝が家康の怒りを買ったのは死の前日の五月六日のことだったという。なんと、二日酔いで戦いに遅刻したためだった。このことから酒の恐ろしさを悟り、汚名返上のための死を選んだのだ。忠朝が華々しい最期に願ったのはただひとつ。「後世の人が自分のように酒で身を誤ることがないように」ということだった、というのである。こうしたことから、酒を断ちたいと願っている人がいれば、その願いをかなえる「酒封じの神」となったのだ。一時は、忠朝の墓石を削って酒に入れて飲むと、酒断ちできると信じられていたが、さすがに今は禁じられ、代わりにしゃもじが並ぶことになったようだ。

ところで、忠朝に保護されたロドリゴは、二代将軍・徳川秀忠や、駿府にいた家康とも会見、破格の歓迎を受けたとされる。その後、京都や大坂の見物もしていたといい、約一年後の慶長一五年八月、家康が三浦《みうら》按針《あんじん》（ウィリアム・アダムズ）に造らせた船で、一行は当時のスペイン領メキシコに向け帰国の途についたという。

これを記念して、昭和三年、漂着した御宿町岩和田の海岸近くに高さ一七・五メートルの碑が建てられ、平成二一年（二〇〇九）には、日本とメキシコの交流四〇〇年が盛大に祝われた。

千葉では座礁の船から人を救い、大坂では酒害から人を救う。忠朝の思いは、今も生きている。

第6章

下り酒、居酒屋酒

下り酒に酔いしれた江戸

江戸時代は「下り酒」の時代だった。権力の中心は江戸に移り、巨大な消費地を形成したが、酒の主要な生産地は、引きつづき上方のまま。大量生産が実現し、江戸をめざして膨大な量の酒樽が波に揺られて下った。酒は大衆化し、巨大化した酒造家は現代のナショナルブランドへの地歩を固めた。

江戸の初めにはなお、奈良・正暦寺《しょうりゃくじ》の僧房酒が「南都諸白《もろはく》」（本書一四八ページ参照）として広く知られる存在だった。元禄五年（一六九二）に記された食物の研究書『本朝食鑑《ほんちょうしょっかん》』では、「和州南都の造酒第一たり」と位置付けられている。

そして第二位に評価されたのが、伊丹《いたみ》（兵庫県伊丹市）・鴻池《こうのいけ》（同）・池田（大阪府池田市）などの酒だった。これら新興勢力は、江戸の巨大な〝徳利〟を満たすことを目標に、目覚ましい伸張を見せた。なかでも伊丹が突出した生産地となったのだが、その前史として、鴻池での酒造りがある。

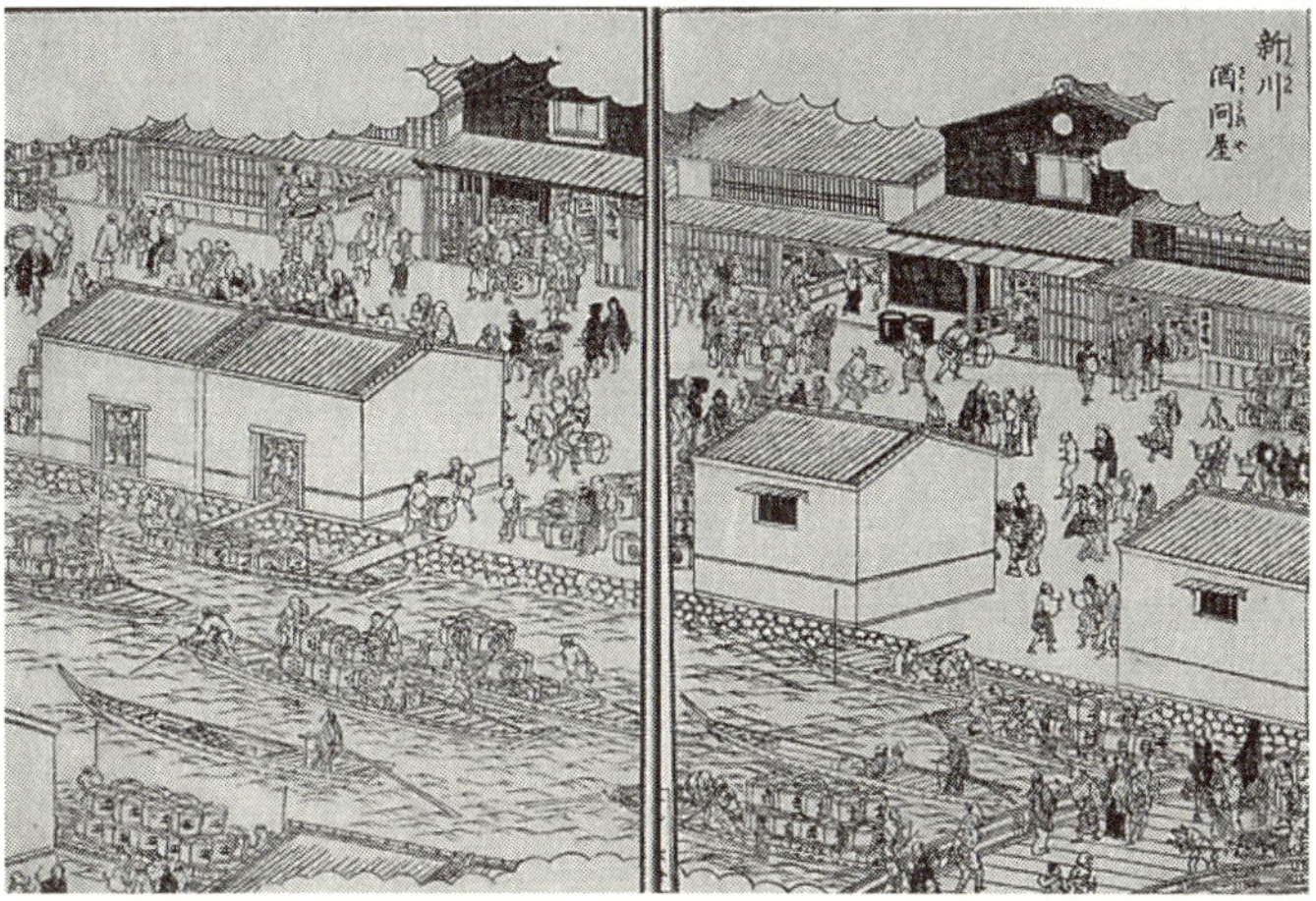

「新川　酒問屋」 下り酒の問屋が集まった新川は、現在の東京都中央区新川付近。樽廻船から積み替えた酒樽を伝馬船で問屋の蔵まで運ぶ。『江戸名所図会』より

この地に戦国時代の武将、山中鹿之《やまなかしかの》助《すけ》の長男が移り住んだのが天正六年（一五七八）。どぶろく造りから始め、研究の末、諸白の澄み酒造りを確立したとされている。

その酒を、関ケ原の戦い前年の慶長四年（一五九九）、江戸に人馬で陸送した。「江戸積みの元祖」である。これが評判を呼んで高値で売れ、その後の大坂における豪商・鴻池家への発展の第一歩となった。現在、その創業の地には「清酒発祥の地・鴻池」の石碑が建てられている。

一方、伊丹でも酒造家たちが諸白の酒造りをしていたが、仕込みの季節を

樽廻船復元模型　菱垣廻船より船倉を深くするなどして、樽の積載を重視した船型となっていた。神戸市、沢の鶴株式会社

しだいに厳寒期に集中させはじめた。寒造りと呼ばれ、気温が低いために雑菌が繁殖しにくく、また醪《もろみ》の温度を制御しやすいのが特徴だ。酒の出来具合もよかった。

こうしたなか、さまざまな物資を江戸に運ぶため、国内海運が発達、酒も四斗樽（七二リットル）で一度に大量に船で運べるようなった。

元和五年（一六一九）には二五〇石積みの船で菱垣廻船《ひがきかいせん》がスタート。これは木綿《もめん》や油・綿などと一緒に運ばれたが、その後、伊丹の酒造家らの支援による酒樽中心の船も登場、享保一五年（一七三〇）には、酒樽専門の樽《たる》廻船《かいせん》が発足した。船は五〇〇石から一〇〇〇石積みと大きく、上方から江戸への酒の海上輸送は一気に拡大。こんな回文《かいぶん》さえつくられた。

「イタミノサケ（伊丹の酒）ケサノミタイ（今朝飲みたい）」

さて、その味わいだが、読売新聞阪神支局編『宮水物語』（中外書房）は、こんなふうに表現している。

「芳醇《ほうじゅん》とはいっても、香気《こうき》、舌の触感とも強烈、いわば武家好みの酒だった」

しかし、好みは変わる。伊丹の勢いはしだいに衰え、代わって一八世紀以降に頭角を現したのは、灘《なだ》の酒造家たちだった。天明五年（一七八五）に江戸に送られた下り酒は総計七七万五〇〇〇樽にのぼるが、産地別では灘が三一万九〇〇〇樽で四一パーセントを占め、伊丹は一一万三〇〇〇樽で一五パーセントに過ぎなかった。

前出の『宮水物語』は、古書の記述を借りて、灘酒の味をこんなふうに書いている。「口に含みてただちに舌を刺さず。これをのみ下すとき、ようやく口中に刺激を与える。しかも多量に飲んでも脳に刺激を与えず」。これを言い換えて、「要するに粘り気のない、さらっとした酒である」とも。

その洗練された味の秘密は地の利にあった。灘は兵庫県南部の武庫川《むこがわ》河口から旧生田川《いくたがわ》河口付近までの約二四キロの大阪湾沿岸地域だ。すぐ後ろに六甲《ろっこう》山地が控えるこの地域では、一八世紀後半から住吉川など六甲から流れ出る急流で水車を回し、精米に利用していた。

宮水発祥の碑　この地の地下から汲みだされる「宮水」が灘の酒造りを大きく飛躍させた。兵庫県西宮市

日本海運史の研究者、柚木学《ゆのきまなぶ》氏の『酒造りの歴史』（雄山閣）によれば、それまでの足踏み精米だと八分搗《づ》き（精米歩合九二パーセント）程度だが、水車では二割五分から三割五分搗き（同七五〜六五パーセント）の高精米が可能となった。しかもひとつの水車に四〇個もの臼をセットして、一気に大量のコメを処理できた。

これにより、それまでの酒造りでは使われたことのない磨き抜かれたコメでの寒造りを徹底し、同時に量産化が図られたのだ。

さらにそれに加え、もうひとつ地の利を得たのが、天保一一年（一八四〇）、「宮《みや》水《みず》」の発見だった。

突き止めたのは、灘の一角、魚崎と西宮の二か所に酒蔵を持つ桜正宗の六代目山邑《やまむら》太左衛門《たざえもん》だ。この二つの蔵は五、六キロしか離れていないのだが、不思議なことにいつも西宮蔵の酒質のほうが優れていた。そこで、山邑はコメを同じものにしたり、蔵人を入れ替えたりして、条件を同じにして造ってみたのだが、事態は変わらない。そ

灘五郷略図

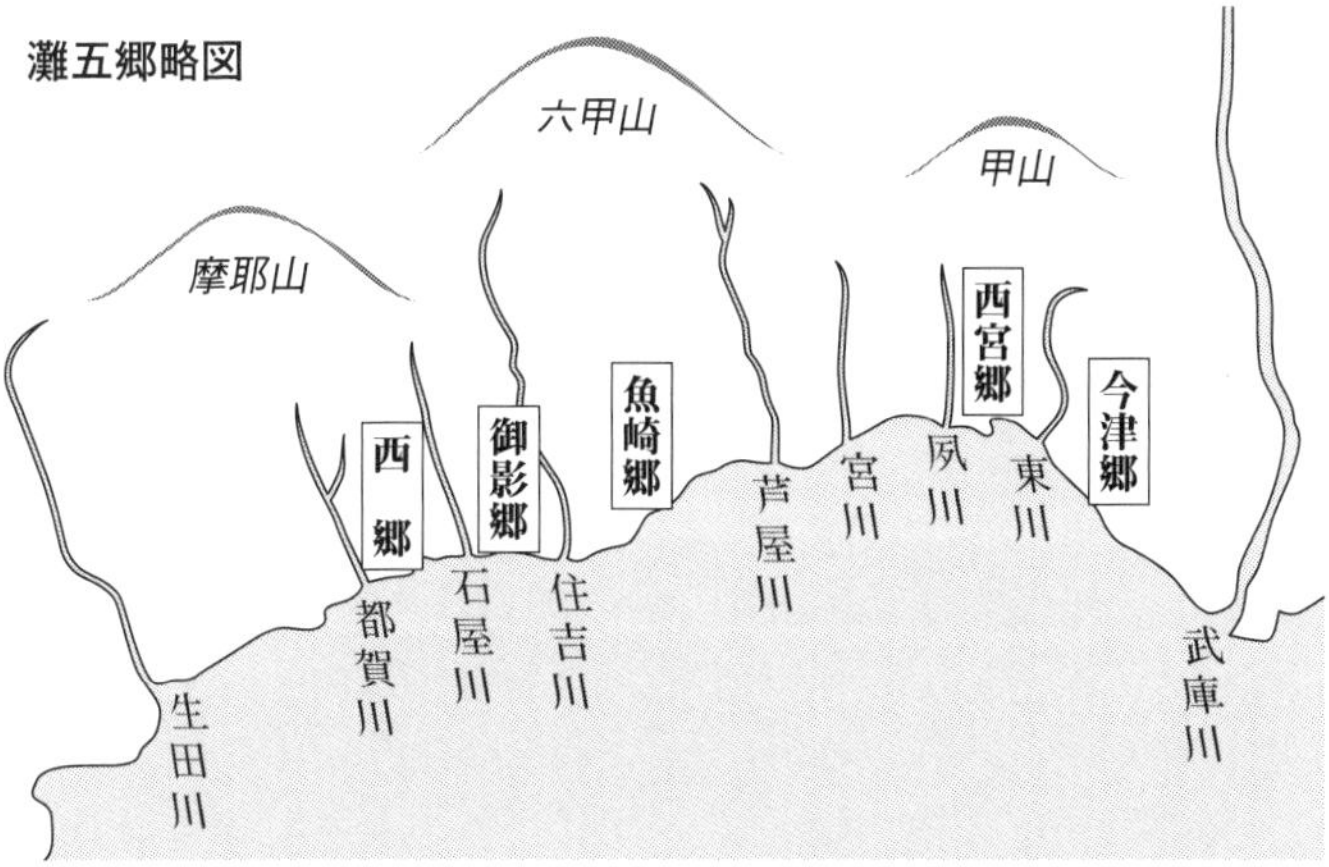

してついに発見したのが、西宮蔵の井戸水を使えば魚崎蔵の酒もよくなることだった。

この水が「西宮の水」、略して「宮水」だ。山邑がこの水を魚崎でも使わせたのは言うまでもないが、灘の酒造家たちも競ってこの西宮の「宮水」を使うようになり、「灘の生《き》一《いっ》本《ぽん》」を磨き上げた。

現在では、この水は、①リン酸とカリウム分が多い、②鉄分が少ない——など、酒造りにもってこいの水であることが、科学的にも裏付けられている。

こうした好条件のもと、灘には年間一〇〇〇石のコメを醸す豪壮な「千石蔵」が立ち並び、目覚ましい発展を遂げた。現在も、西宮を含めた「灘《なだ》五《ご》郷《ごう》」と呼ばれる地区に大手酒造メーカーが集中し、兵庫県全体の出荷量は全国の二六パーセント（二〇一七年度）を占めて一位となっている。ちなみに二位は伏見のある京都府の二二パーセント。両府県合わせると、全国の約半分になる計算だ。

いずれにしても江戸の呑兵衛《のんべえ》たちは江戸時代をとおし、一貫して下り酒をありがたがり、大量に飲み続けた。明治に入って、当時の神戸税務監督局がまとめた『灘酒沿革誌』によれば、上方から江戸に送られた酒樽は、文政四年（一八二一）に一〇三万三七四六樽、翌文政五年に一〇七万三三九七樽と一〇〇万樽を突破した。酒樽は四斗樽だが、実際の量は三斗五升程度で、一樽が一升ビン三五本分となる。当時の江戸の人口を一〇〇万人とした場合、大人も子供も、男女関係なく年間一人一升ビン三五本を飲んだ計算になる。月三本弱である。

江戸っ子は、ほかに関東で造られた地回りの酒も飲んだのだ。京が着倒れ、大坂が食い倒れの町なら、江戸はまさに飲み倒れの町と言ってもよかった。

ここで一献

⑦だれが建てたの、下り酒の蔵

江戸へ運ばれた下り酒の動向をまとめたのが、次ページの表だ。酒造地の「一二郷」とは、下り酒の酒造組合を結成していた摂津《せっつ》と和泉《いずみ》の「摂泉一二郷」のこと。灘や西宮のほか、大坂・伝法《でんぽう》・池田・伊丹・堺などが加わっている。

表の数字を追うと、幕末期、灘の酒は実数のうえでは増減があるが、一二郷のなかでの比率は、つねに半数以上を占めていた。とくに文政四年には灘だけで、嘉永六年、慶応二年の一二郷の全量にほぼ匹敵する六一万樽を送り出していた。怒涛《どとう》のように押し寄せる下り酒は、江戸の新川（現・東京都中央区）にあった下り酒問屋で荷揚げされた。その蔵がずらりと並ぶようすは壮観だった。売り上げに協力した呑兵衛を皮肉った川柳が残っている。

新川は　上戸の　建てた　蔵ばかり（『誹風柳多留《はいふうやなぎだる》拾遺《しゅうい》』）

どんなもんだい、と胸を張ってもいいほどの飲みっぷり。「世の中に下戸の建てたる蔵もなし」と、下戸を皮肉ってみても、やはり旗色は悪かった。

■幕末期の江戸入津樽数

酒造地	文政4年 (1821)	天保14年 (1843)	嘉永6年 (1853)	安政3年 (1856)	慶応2年 (1866)
今津	樽数(樽)	樽数(樽)	樽数(樽)	樽数(樽)	樽数(樽)
	36,396	66,633	79,299	118,785	107,284
	比率(%)	比率(%)	比率(%)	比率(%)	比率(%)
	3.5	7.6	11.8	12.6	15.8
灘	樽数(樽)	樽数(樽)	樽数(樽)	樽数(樽)	樽数(樽)
	616,352	467,980	364,360	523,329	360,850
	比率(%)	比率(%)	比率(%)	比率(%)	比率(%)
	59.6	53.3	54.3	55.3	53.0
西宮	樽数(樽)	樽数(樽)	樽数(樽)	樽数(樽)	樽数(樽)
	78,590	70,857	87,325	102,875	113,112
	比率(%)	比率(%)	比率(%)	比率(%)	比率(%)
	7.6	8.1	13.0	10.9	16.6
伊丹	樽数(樽)	樽数(樽)	樽数(樽)	樽数(樽)	樽数(樽)
	174,140	148,135	60,695	80,507	37,533
	比率(%)	比率(%)	比率(%)	比率(%)	比率(%)
	16.9	16.9	9.1	8.5	5.5
他	樽数(樽)	樽数(樽)	樽数(樽)	樽数(樽)	樽数(樽)
	128,268	125,169	79,284	120,467	62,548
	比率(%)	比率(%)	比率(%)	比率(%)	比率(%)
	12.4	14.2	11.8	12.7	9.2
12郷 合計	樽数(樽)	樽数(樽)	樽数(樽)	樽数(樽)	樽数(樽)
	1,033,746	878,774	670,963	945,963	681,327
	比率(%)	比率(%)	比率(%)	比率(%)	比率(%)
	100.0	100.0	100.0	100.0	100.0

出典：柚木学『酒造りの歴史』（雄山閣）。ただし、「他」の項のみ筆者加える。

船乗りの血が騒ぐ「新酒番船」

上方の酒を江戸に送り届ける海運は、享保《きょうほう》一五年（一七三〇）に登場した樽廻船《たるかいせん》で本格化した。背景には、それまでの菱垣廻船《ひがきかいせん》に対する酒造家らの不満があった。

菱垣廻船は木綿《もめん》や油・酢《す》・醤油《しょうゆ》などと一緒に運ぶ混載。当時の酒は質が悪くなりやすいため、輸送はスピードが命だったが、ほかの荷を待たねばならず、出帆まで時間を要したのだ。また、時化《しけ》などで積み荷に被害が出たときの損害補償のルール（共同海損）にも、不満があったとされる。

それを一気に解消した酒樽専門の樽廻船。船の大型化も進み、五〇年後には千石船、幕末には約三〇〇〇樽が詰める一八〇〇石積みが主力となった。江戸まで海路は約七〇〇キロ。菱垣廻船はおおむね三週間がかりだったが、樽廻船では平均六日間と大幅にスピードアップが実現した。

遠州灘《えんしゅうなだ》の荒波を砕いて進む命がけの航海だが、江戸の呑兵衛《のんべえ》たちにはそれがまたよかった。波にもまれて酒の味がこなれ、吉野杉の樽から酒に移った木香《きが》で至福の味わいを醸《かも》し出したのだ。

そんなことから、伊丹酒の人気銘柄「男山」を題材に、こんな川柳《せんりゅう》も作られた。

「船中で　もめばやわらぐ　男山」

（『誹風柳多留《はいふうやなぎだる》』）


さて、その樽廻船の船頭たちが、年に一度、熱い血をたぎらせた。「新酒番船《しんしゅばんせん》」だ。その年の最初の新酒を積んで、西宮から十数隻、一斉にスタート。現在の神奈川県・浦賀《うらが》にあった船番所までスピードを競い合う。よほど風が良かったのか、最速五六時間という記録が残されている。

命がけのレースを制した船頭は、赤い半纏《はんてん》をまとい、「惣《そう》一番」ののぼりを立てて、下り酒問屋のある新川《しんかわ》(現・東京都中央区）の町を闊歩《かつぽ》、江戸っ子の大歓迎を受けた。

じつはこのレース後、一位となった船の酒が利き酒され、付けられた値が、その一年の酒価の基準になった。そのため、出航を見送る酒造家たちも真剣そのものだったという。

同じようなレースは、綿でも「新綿番船」の名称で行われた。

秋吉好《あきよしこう》氏の小説『天保新酒番船』（葦書房）は、老父とともにはじめて新酒番船に挑む船頭が主人公だ。一四〇〇石から二〇〇〇石積みの樽廻船一一隻が同時に出帆。途中、遭遇した嵐のなかで老父は船を守って命を失う。遺体を海に投げ入れるとき、船頭は赤い半纏に包んでやった。

「これを着て、新川堀を練り歩くことを、だれよりも心待ちにしていたのは父だろう。それが図《はか》らずも死装束《しにしょうぞく》になった」

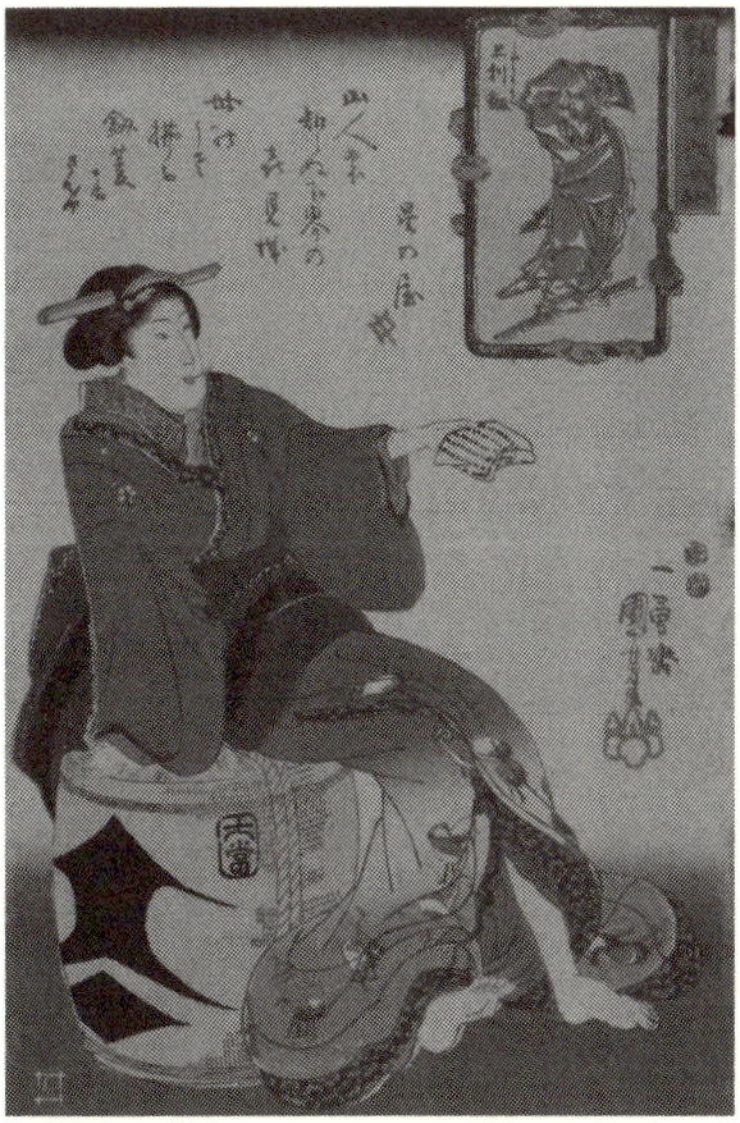

「垂涎」の美女　お尻の下の酒樽は、薦（こも）の印から「剣菱」とわかる。垂涎（すいぜん）の的の下り酒だった。歌川国芳『艶姿十六女仙』より。アドミュージアム東京

最後は船頭が老父の夢を果たすのだが、読者の胸を打つのは、死と隣り合わせの航海のなかで下り酒を守り抜いた船乗りたちの心意気だ。それはまた、下り酒を熱望した江戸の呑兵衛たちが作り出したドラマでもあった。

幕府の統制に揺れた酒造家

江戸時代、飛躍的に発展した酒造りだが、酒造家が好き勝手に酒を造っていたわけではない。それどころか、コメの需給バランスに目を光らせる幕府の統制に振り回されていた。

酒造統制の道具として利用されたのが「酒造株」だった。その株に定められたコメの石数まで醸造することが許される一種の営業特権だが、実際にはその石数を超えて酒を造るケースが多かった。

寛政の改革に踏み切った老中松平定信《まつだいらさだのぶ》が、後日、当時の苦々《にがにが》しい思いを自叙伝『宇《う》下人言《げのひとこと》』（岩波文庫）に書き綴っている。

「株は名目にすぎず、いくらでも造れるものと思い違いしている。一〇石の株で一〇〇石造る者も、万石造る者もいる」

そこで幕府は、折に触れ、実際のコメの消費量を調べる「株改め」を実施した。その株に定めた石数を基準に、運上《うんじょう》、あるいは冥加《みょうが》と呼ばれる税金を掛けた。また、コメの凶作のときにはその石数の二分の一に減産させるなどの制限を加えた。逆に豊作でコメが余ると、米価も下落するため、酒造りが奨励された。

江戸時代をつうじて、幕府の出した制限令は六一回にのぼったが、制限解除令は六回だけ。酒造りには、きわめて抑制的な姿勢が目立ったとされる。ただ、全面的な酒造禁止は行われず、灘《なだ》の酒造家たちは、制限緩和の時期にタイミングを合わせて、操業を巨大化させた。

また、幕府は、初期には江戸・大坂・京都などの大都市と、城下町・宿場町などに酒造りを限定し、農村部での酒造りは禁じてきた。しかし、一八世紀前半から方針を変更し、農村部での酒造りを奨励、これを機に、地主など富農層による酒造業が広く営まれるようになった。

義民となった丹波杜氏の恩人

京都の松尾大社《まつのおたいしゃ》に大きな石碑がある。顕彰されているのは、篠山《ささやま》藩（現、兵庫県篠山市）の貧農で、市原村の清兵衛《せいべえ》。酒造りとのかかわりで「義民」として記憶され、大正八年（一九一九）、酒の神として知られる同社に建てられた。

江戸時代、領主の苛斂誅求《かれんちゅうきゅう》に抗して各地で義民が立ち上がったが、清兵衛が闘ったのは、藩による出稼ぎ禁止令だった。

もとよりこの時代、農地に縛り付けた農民からの年貢が幕藩体制の経済的基盤をなしていたのだから、幕府にとって農民の出稼ぎなど論外だった。安永六年（一七七七）の御触書《おふれがき》で、幕府は、耕作をなおざりにして出稼ぎに出るなど「不埒《ふらち》の至り」ときびしく制限していた。

しかし、時代が下るにつれて、農村に商品経済が浸透、農民層は富農と貧農に分かれ、貧しい農民らは窮乏をきわめた。

義民・清兵衛の碑　高さ３メートルの大きな石に、清兵衛の直訴の経緯が刻まれている。京都市、松尾大社

篠山藩の場合には、山を越えれば酒どころの池田・伊丹があり、灘《なだ》もあったため、酒蔵への季節的な出稼ぎ（百日稼ぎ）の口があったのだ。農閑期をあてることができ、希望者は多かったのだが、藩はやはり原則禁止の姿勢。

「なんとか酒蔵へ働きに行かせてほしい」。貧しい農民らの思いは高まるばかりだった。

寛政一二年（一八〇〇）、四二歳の清兵衛はこうした農民たちの願いを胸に、息子の佐七とともに、藩主の青山忠裕《あおやまただやす》がいた江戸に下った。そして一二月一四日、ついに忠裕への直訴《じきそ》を敢行《かんこう》。すぐさま捕らえられ、篠山に送り返されて牢に入れられてしまった。

しかし、そのことで事態は動いた。享和二年（一八〇二）四月、藩は藩主の特別の思召《おぼしめ》しとして、百日稼ぎに対する制限を撤廃した。直訴は報われたのだ。

もっとも清兵衛らは死罪こそ免れたが、一一年間にわたり入牢。その後の動向ははっきりとはしない。文政三年(一八二〇)には国払いとなって伊丹に移り、その地で世を去ったようだという。

多紀郡(現、丹波篠山市)の村々の出身者らが造り上げたのが丹波杜氏《たんばとじ》。丹波篠山のデカンショ節にも「灘のお酒はどなたがつくる/おらが自慢の丹波杜氏」と歌われるが、その発展の裏には、義民・清兵衛父子の死を賭《と》した行動があったのだ。

今、清兵衛の石碑は篠山城跡にも建ち、「丹波杜氏組合」は毎年九月、その年の無事を祈願している。

関東に旨い酒を求めたはかない夢

「昔は江戸にて多く酒を造りて、下り酒はなかりし」。江戸の随筆家、喜多村筠庭《きたむらいんてい》の『嬉遊笑覧《きゆうしようらん》』（文政一三年〈一八三〇〉）は、幕府の酒造統制などに触れながら、こんな一言を記している。下り酒一辺倒の江戸を嘆いた言葉だろう。その四〇年前、老中・松平定信《まつだいらさだのぶ》も同じ思いに駆られ、ひとつのプロジェクトを立ち上げた。「御免関東上酒《ごめんかんとうじようしゆ》」。幕府の後押しにより上方の酒に負けない旨い酒を関東で造ろう。下り酒に対する地回り酒振興の取り組みだった。

「酒というものは、日用品とは違い、安ければ飲むが、高ければ飲まない」（『宇下人言《うげのひとこと》』）というのが定信の考えだ。上方から江戸に多くの酒が入れば、（安くなって下り酒を）多く飲み、その分の「金銀」が東から西へと移ってゆく。東には酒が入ってきて、西には金銀ばかりが移ってゆく。気に入らなかった。

寛政二年（一七九〇）三月、まず武蔵と下総《しもうさ》の酒造家一一人が呼び集められた。現在の地名でいえば、東京都板橋区、府中市、神奈川県横浜市、埼玉県熊谷市、三郷市、千葉県市川市、松戸市、流山市、茨城県取手市などの酒造家だった。

具体的な計画は八月に示された。それによれば、原料のコメ計一万四七〇〇石が幕府から貸し付けられ、醸造された関東上酒には一割の利益を乗せることが許された。樽《たる》にしてざっと三万樽余。問屋をとおさず、自前で江戸の霊岸島《れいがんじま》（現、東京都中央区）などに店を借りて、「御免関東上酒売所」の看板で売ることになった。

当時の酒二〇樽の値段は、下り酒が二一〜一六両に対し、関東の地廻り酒は上々酒で一三両、下酒になると九両という安値で取引されていた。それでも地回り酒の消費量は下り酒には遠く及ばなかった。

定信の取り組みは、関東の酒がこの苦境を脱するチャンスだったことは間違いない。「このたびの上酒造りは今後の地回り酒造りの基本となるもので、格段に精を出して造る」。

意気込む一一人の酒造家らは、最初の仕込みの前に申し合わせた。

そして、醸されたその上酒の評判は――。

白河藩家臣である水野《みずの》為長《ためなが》が定信に伝えた風聞などが、『よしの冊子《ぞうし》』としてまとめて残されている。寛政二年九月一〇日、次の報告がなされている。
①本銀町《もとしろがねちょう》（現、中央区）の販売所は大繁盛のようす。これで万願寺《まんがんじ》（池田）、剣菱《けんびし》（当時、伊丹）といった下り酒の名酒まで値が下がるだろう、越中様（定信）のお陰だ、と江戸中の上戸《じょうご》どもが喜んでいる。
②値段も安く旨《うま》いと喜ぶ者がいる反面、麹臭《こうじくさ》い、甘ったるい、痔《じ》にあたる、胸にあたるとする者もいて、「良し悪し評判まちまち」。
③評判、甚《はなは》だよろしからず。粕《かす》臭く、甘ったるく、いくら呑んでも少しも効かない、ただ小用ばかり出るとのこと。
「越中様のお陰」なんていう感想は、たぶん〝関係者〟の言葉だろう。総じて芳《かんば》しくはない。『よしの冊子』は、これでは「御免」を名乗る甲斐がない、とのきびしい声さえ拾っていた。

造った酒はもちろん諸白《もろはく》だし、精米にも念を入れ、おおよそ伊丹に倣《なら》って造ったはずなのだが——。しかし、お上に命じられて、すぐに旨い酒ができるのなら、だれも苦労はしないのだ。

もとより、当時の関東の酒についての評判はかなりよくなかった。元・種智院大学いる。

教授の吉田元氏は、「いささか誇張もあろうが」としたうえで、こんな風に表現している。

「素人農民がつくる甘《べた》の安酒で、品質管理もおろそかで腐敗しやすく、下り酒が入荷しない場合の代替品」（『江戸の酒』朝日新聞社）

一部には、定信のお陰でこうした関東の酒造りが大幅に改善されたとする見方もあるが、結局のところ、質的にも量的にも、上方の酒には及ばないまま、定信の死から四年後の天保四年（一八三三）、この取り組みは幕を閉じたとされている。

寛政の改革を主導した定信にも、意のままにならない江戸の酒事情だった。

佐原では酒も造った伊能忠敬

「関東灘《かんとうなだ》」。千葉県の酒造史を紐解《ひもと》けば必ず出てくるのがこの言葉だ。関東の「灘」と呼ばれたほどの酒どころ、という意味だが、それが利根川下流域。そこに旧佐原市（現、香取市北西部）がある。

大正八年（一九一九）発行の『千葉縣誌』は、「佐原地方の清酒は最も古き沿革を有し、品質佳良にして古来関東灘の称あり」と誇らしげに書いている。そして、その佐原の酒造りといえば、伊能忠敬《いのうただたか》（一七四五〜一八一八）を避けてとおることはできない。

伊能家は地元の名家。寛文年間（一六六一〜七三）に酒造株を買い受けて、佐原ではじめて酒造りに取り組んだ。後年、日本全国を測量に歩くことになる忠敬が、近くの九十九里の村から伊能家に養子に入ったのは宝暦一二年（一七六二）、一八歳のときだった。

勤勉で経済人として数字に強く、指導力もあった忠敬は、若き当主として米穀取引、回漕業《かいそう》、金融、そして酒造業と幅広い家業に奔走。隠居の年の寛政六年（一七九四）には、同家の金融債権を含む有物資産（土地を除く）の総額は四七九六両と、婿入り前の三倍以上になっていたとされる。

酒造りの面では、忠敬が当主となる前に、すでに年間一〇〇〇石を超える大きな酒蔵になっていたが、その後、幕府の統制で思うようにはいかず、天明期（一七八一～八九）は六〇〇石程度にとどまった。しかし、酒の価格が上がったせいか、売上高としては引き続き一〇〇〇両を超え、寛政五年には一〇九二石、一四七二両の売り上げを記録している。

こうした酒の多くは地元で飲まれたと思われるが、一部は江戸向けにも出荷されていたことが記録に残されている。

ただ、忠敬は酒代の取り立てに相当苦労していたようだ。次の新酒の時期となっても、それまでの酒（古酒）の代金が払ってもらえない。

隠居後、測量の旅を続けながら、娘たちに多数の書状を送っているが、そのなかでは、「古酒の代金の集金は難しい」と再三、案じている。

「古酒の残金は取り急ぎ受け取り、新酒は貸すことのないように」「安心できないものは酒造に候」——。

そんなこともあってか、伊能家はその後、酒造りは止めてしまい、他の酒造家が関東灘の酒を醸しつづけた。

ところで、その酒を、喉を鳴らして飲んでいたのは講談『天保水滸伝《てんぽうすいこでん》』の面々だ。飯岡助五郎《いいおかのすけごろう》・笹川繁蔵《ささがわのしげぞう》両親分によるこの対立抗争事件は、天保一五年（一八四四）八月六日、佐原に近い現在の東庄《とうのしょう》町で勃発。笹川方では平手《ひらて》造酒《みき》が命を落とした。

平手は、江戸は千葉周作《ちばしゅうさく》門下の剣の使い手だったが、酒で身を持ち崩し、流れ着いたのがこの大利根河原。繁蔵の行く末を案じながらの絶命だった。

同町の「天保水滸伝遺品館」に、ひとつの古びたヒョウタン

伊能忠敬像　忠敬旧宅には店舗や土蔵も残されている。また、近くに伊能忠敬記念館があり、伊能図などが展示されている。千葉県香取市

平手造酒遺愛のヒョウタン　天保水滸伝遺品館には、ほかに笹川繁蔵が愛用したといわれるキセルや三度笠なども並んでいる。千葉県東庄町

が展示されている。大利根河原の川風のなかで、平手が愛用したとされる徳利だ。

しかし、主の手を離れて百数十年、もはや「関東灘」の残り香もなかった。

江戸の酒合戦

江戸の飲み比べのエピソードは、どうも大げさすぎる。川崎大師《かわさきだいし》河原《がわら》（神奈川県川崎市）と千住《せんじゅ》（東京都足立区）の両酒合戦など、その代表例だろう。なんとも馬鹿げた宴ではあるが、当人たちは大まじめ。平和の賜物《たまもの》であり、酒が庶民のものになった記念碑として紹介しよう。

大師河原の酒合戦は、一方の旗頭である医師の地黄坊樽次《じおうぼうたるつぐ》（本名・茨木春朔《いばらきしゅんさく》）が戯作『水鳥記《すいちょうき》』として刊行、今に伝えられている。「水鳥」の「水」はサンズイ（氵）、「鳥」は十二支の「酉《とり》」であり、「酒」の字を分解したのがこのタイトルだ。

時は慶安元年（一六四八）八月。樽次の一党一七人は、大師河原の「酒魁《しゅかい》」大蛇丸《だいじゃまる》底深《そこふか》の家に乗り込んだ。富農の底深は、その屋敷につねに多数の酒樽を用意、地元の大酒飲みたちを手なずけていた。

この戦いのきっかけは、底深の手下二人が樽次らと飲み比べをして、相次いで血を

谷文一筆「闘飲図」（部分） 大田南畝による『後水鳥記』の中の挿絵。酒合戦の参加者に酒が注がれている。谷文一は、谷文晁の娘婿。足立区立郷土博物館

吐き敗退したことだった。怒った底深が、「樽次にも血を吐かしてくれん」と仕返しを画策、これを伝え聞いた樽次が先手を打って押し掛けたのだ。

開戦。底深の屋敷の各所で双方入り乱れての飲み比べ。つぎつぎに強者《つわもの》たちが酔いつぶれるなか、「樽次も逃れ難しと思うところに、うしろのほうより年ごろ二〇歳余りの男《おのこ》進み出で――」と、『水鳥記』は、終始、大真面目に合戦模様を書き記す。最後は底深の降参で幕となり、そこで一首。

「池にすめる　大じゃと聞きぬれど　酒呑む口は小蛇なりけり」

底深の本名は池上太郎右衛門。池上家は東京・池上本門寺《いけがみほんもんじ》の創建にもかかわった鎌倉時代の武士の家系で、江戸時代になって大師河原を開拓した富農である。

「闘飲図」（部分）　次々と運ばれてくるのは、大きさもさまざまな杯。運ぶ人も、見守る人も、皆大まじめの酒合戦。

この合戦から約一六〇年後の文化六年（一八〇九）三月、狂歌などで幅広く活躍していた文人、大田《おおた》南畝《なんぽ》が現地を訪ねている。幕府の勘定所の役人でもあった南畝は、多摩川の巡視の旅を続ける途中、立ち寄ったもので、底深側として参戦した稲荷新田の名主宅で『水鳥記』を読み、また底深の子孫宅では使用された大杯などを見ている（『調布日記』）。

その南畝が『続水鳥記』として書き残しているのが、巡視六年後の文化一二年一〇月二一日に行われた千住の酒合戦だ。

この宿場町で飛脚問屋を営む中屋六右衛門が、還暦を迎えたのを記念して開いたもので、合戦といっても、こちらは個人戦。門には「不許悪客下戸理屈入庵門」と掲示した。下戸や理屈の「悪客、庵の門に入るを許さず」ということだろう。

当然、参加したのは、酒量自慢の面々で、画家の谷文晁《たにぶんちょう》や儒学者の亀田鵬斎《かめだほうさい》らが見守るなか、五合から三升入りまでの大杯で競い合った。

カニやウズラの焼き鳥、コイなど、豪華な肴《さかな》も用意されていたが、地元の農夫・市兵衛は焼いたトウガラシ三つをつまんだだけで、一升五合の杯で三杯飲んだ。大門の長次は、酒一升、酢一升、醤油一升、水一升を芸者の三味線に合せて飲みつくした。石市という男は、一升五合を飲み干して、酔い心地のままに歌い舞った。芸者のおいく、お久は、終日、参加者に酌をしつつ、五合入り、七合入りの杯で飲みつづけた。会津からの旅人、河田某は、宿の主とともに推参、五合、七合、一升、一升五合、二升五合の杯を空けた。さらに三升の杯に挑もうというところで、「明日は所用があり、国にかえらねばなりません」と残念そうに一礼して引き上げた。ちなみに、翌日は朝の八時ごろには宿を出発したとか。

この記録がどこまで真実を伝えたものなのか、今となってはわからない。ただ、南畝は、「長鯨が百川を吸うような酒輩が終日、乱に及ぶこともなく、礼儀も失わなかったのは、上代にもなく、末代にも稀《まれ》なこと」、観戦の鵬斎も、「太平の盛事」と、ことさら真面目くさって絶賛の言葉を残している。

花開く居酒屋文化

庶民の憩いの場、居酒屋が都市の見慣れた光景になったのも江戸時代だ。芭蕉の門弟、其角《きかく》のこんな句がある。

名月や　居酒《いざけ》のまんと　頬《ほお》かぶり

ちょっと一杯、と思い立ったが、外は月。うしろめたさを覆い隠す頬かぶりが、月の明るさを際立たせている。

この「居酒」、元禄時代（一六八八〜一七〇四）からよく見られるようになる言葉だと、飯野亮一《いいのりよういち》氏は『居酒屋の誕生』（ちくま学芸文庫）に書いている。酒を量り売りする店先で、そのまま飲ませたのが始まりという。

いわば酒屋の副業である。それがしだいに本業へと変わり、酒の肴《さかな》も豊富になった。

其角は、寛文元年（一六六一）に生まれて宝永四年（一七〇七）に世を去っている。名月に誘われて出掛けたころの居酒は、今の居酒屋のはしりといったところだろうか。

その一方で、煮物などで食事のできる煮売《にうり》茶屋という商売もあった。こちらは明暦三年（一六五七）一月の大火のあとくらいから目立ちはじめたようだ。手軽に腹を満たすことができて喜ばれ、一気に広まった。これが「茶」よりも「酒」に力を入れることで煮売酒屋になったのだが、すると居酒屋との違いはなんなのか。

結局、両者を合わせた「煮売居酒屋」というジャンルが創設され、文化八年（一八一一）、町奉行所のまとめでは、じつに一八〇八軒を数えたのだという。

巨大都市とはいってもこの多さ、背景には単身男性の多さが指摘される。町民層は各地から一人奉公や出稼《でかせ》ぎにくる男性が多く、江戸町民の男女比率は二対一と圧倒的に男性が多かった。武家でも、諸藩の江戸詰武士は単身赴任がほとんどで、こちらも男性中心の構成だった。

そんななか、不可欠の都市機能となったのが江戸の居酒屋だったようだ。

ちなみに、今では居酒屋の代名詞ともなった縄のれんだが、もともとはハエが店内に入らないようにするための実用的なものだったという。

第7章 酒の今

日本人にとって「酔う」とは何か

日本人の酔い方はどうも評判が悪い。

一六世紀後半の三〇年余を日本で過ごしたポルトガル人宣教師、ルイス・フロイスが事細かに日本文化の不思議を本国に書き送っている。それをまとめた『ヨーロッパ文化と日本文化』（岩波文庫）に、酒の飲み方についての一項目がある。

「われわれの間では酒を飲んで前後不覚に陥ることは大きな恥辱《ちじょく》であり、不名誉である。日本ではそれを誇りとして語り、『殿はいかがなされた』と尋ねると、『酔っ払ったのだ』と答える」。

（酒の献酬《けんしゅう》について）「日本では非常にしつこくすすめ合うので、あるものは嘔吐し、また他のものは酔っ払う」。

（女性の飲酒について）「ヨーロッパでは、女性が葡萄酒を飲むことは礼を失するものと考えられている。日本ではそれはごく普通のことで、祭の時にはしばしば酔っ払うまで飲む」。

フロイスの時代から四〇〇年以上が過ぎたが、日本人の飲み方はあまり変わりがない。とはいえ、酔っ払って、何が悪いのだろう。たしかに、『葉隠』の山本常朝のように「酒席は公界《くがい》」と深酒を戒める考えもあるが、ちょっとしたことで切られたり、切腹を命じられたりする時代ではない。だれもが酔うために飲み、その目的を達したことを確認し合う言葉が「酔った」なのだ。

酔えばスキが生まれるのだが、そんなことは忘れて覚束《おぼつか》ない足取りでおおらかに笑う。その姿に共感し合うのだ。もちろん怒り上戸や泣き上戸といった、傍迷惑《はためいわく》な酔い方は問題外だが。

狂言や歌舞伎では、酔態《すいたい》を演じるのも芸のうちだ。ことに狂言では、酒の場面が意外と多い。しだいに酔ってゆく姿、あるいは最初から酔っている姿、そこを舞台でどう演じ分け、笑いを誘うのか。

よく知られる「素袍落《すおうおとし》」では、主の伯父宅に出掛けた太郎冠者《たろうかじゃ》が勧められるままに、大杯の酒を二杯、三杯と飲んでしまう。ついに五杯目を飲んで、言葉もシドロモドロ。「酔うてこそ面白《おもしろ》けれ、酔わぬ酒がなんの役に立つものか」と太郎冠者が声を上げれば、その心意気やよし、と許してしまうのが日本人なのだ。

酔いを人にさらけ出す日本人の飲みっぷりが生んだ芸だといえる。まさに「酔態の美学」。

そんな土壌があるからこそ、後醍醐《ごだいご》天皇の試み（本書一二九ページ参照）以来、根付いたのが無礼講《ぶれいこう》ではないか。身分の上下の差別なく、やかましい礼儀作法を抜きにして酒を酌《く》み交わす。酔いに任せて本音を吐露し、そして時には大立ち回り。

昭和一四年（一九三九）に、尾張徳川家の当主徳川義親《とくがわよしちか》氏は、その著『日常礼法の心得』でこんなことを説いている。

「酒席に於《おい》て、皆が酔払つて暴れてゐるやうな時に、自分一人がきちんと座つてゐるといふやうなことは寧《むし》ろ礼ではない」

礼法の心得なきケンカを勧めているのではないが、その心得さえあれば宴会での放歌乱舞やケンカも許容できるとしているのだ。

現代ではさすがに酒席のケンカは見苦しいが、巷《ちまた》に千鳥足の呑兵衛たちの姿は絶えることがない。フロイスは、今もって懲りない日本の酔漢たちにため息をついているのだろうか。

上戸と下戸

日本人の四割程度は体質的に酒に弱いことがわかっている（本書二一三ページ参照）。遺伝子のなせる業《わざ》であり、鍛えれば飲めるというようなものではないのだが、そうとは知らないままに、上戸《じょうご》と下戸《げこ》の論争が続いてきた。

この上戸、下戸という呼び名、律令制度下の区分から始まった。各家に賦役《ぶえき》の対象となる成人男子が何人いるか、八人以上が大戸《たいこ》で、以下、人数に応じて上戸、中戸、下戸と定められた。それがいつしか大戸、上戸は富裕な家を意味することになり、ついには飲む酒の量のことを指すことになった。

すでに平安時代後期の『大鏡《おおかがみ》』にも「上戸」の関白・藤原道隆《みちたか》が登場（本書一〇四ページ参照）しているから、日本の上戸と下戸のにらみ合いは相当に年季が入っている。

その上戸、下戸の二人に、酒も飯もほどほどという中戸の一人を加えた三つどもえの『酒飯論絵《しゅはんろんえ》巻《まき》』という作品が残されている。一六世紀前半、室町時代の作とみられ

もろ肌脱いで　（『酒飯論絵巻』部分）糟屋朝臣長持を前に大酒を飲む上戸の二人。鼓に合わせて、楽し気に踊り出す。群馬県立歴史博物館

ている。さまざまな写本が伝わっているが、酒宴のようす、厨房《ちゅうぼう》での準備風景などを克明に描いた絵はすこぶる興味深い。

面白いのは三者の主張で、まず上戸の造酒正《みきのかみ》糟《かす》屋《や》朝臣《のあそん》長持《ながもち》。「酒を飲む人は寿命長く、富貴の身になっている。『源氏物語』も酒盛りがあってこそ興があるというもの。雪月花を詠じても、酒盛りがなければ興がない」と酒の良さを並べ立て、「下戸が酒盛りになまじ交わるから、杯を前にあちこちで『お許しください』と謝ることになる。その顔は犬に追われた猿の顔」と口汚く非難。最後は「上戸の建てた蔵は多いが、酒を飲まないと言っても、下戸の建てたる蔵もなし」と主張する。

つづいて、汁と飯だけの軽い食事「小つけ」を

酔いの果て　（『酒飯論絵巻』部分）座敷の外で介抱される飲み過ぎた二人。右の男は吐き、左の男は足もとがおぼつかない。群馬県立歴史博物館

好む下戸の僧、飯室律師《いいむろりつし》好飯《こうはん》。

「そもそも仏は五戒の一つとして飲酒を戒めている。『源氏物語』で光源氏は朧月夜《おぼろづきよ》との関係が原因で須磨へ流されたが、それも酒の酔いがもとで起きたこと。少し酔いがさめた上戸が面目無げに青ざめている顔はタヌキが出家したようだ」と手きびしい。下戸は季節の野菜などの食事を楽しみ、茶道具を並べ、「冬ともなれば座敷で囲炉裏を開いて茶の湯を立て、友と今日の会席料理を考えたりする。酒盛りしている人よりも風流だ」と自画自賛する。


最後に中戸の中左衛門大夫《ちゅうざえもんのたいふ》、中原仲成《なかはらのなかなり》。

「まったく飲まないのも面白くないし、大食いにもびっくりする。中国の医師が『飲食で身を損《そこ》なうのは親不孝だ』と言っている。天地の間でも、

日照りが続けば民は疲弊し、余分に雨が降っても田が損なわれる。ちょうどよい空であれば天下泰平」というわけで、「中戸に勝る者はない」と結論づけている。

絵巻は三者三様の主張を整理するだけで、どちらかに軍配を上げているわけではない。ただ絵を見れば、食事と酒と果物がバランスよく描かれたのが中戸。それに対し、上戸は大杯の酒一辺倒、下戸は山盛りの飯。どうやら絵のうえでは、論争の決着はついているような気もする。

それでも上戸は酒にこだわる。

江戸時代の初め、正保二年(一六四五)四月五日、江戸の金沢藩上屋敷で四代藩主・前田《まえだ》光高《みつたか》が急死した。当日は幕府の老中らを招いての宴だったが、その最中に倒れ、息を引き取った。光高は下戸だった。

屋敷の向かいは、大酒飲みで名高い福井藩主、松平忠昌《まつだいらただまさ》の屋敷。将軍家光《いえみつ》は翌日、さっそく使いを出して、大酒を戒めた。これに対し、忠昌が短冊に書いて返した狂歌。

むかひ(向かい)なる　加賀の筑前　下戸なれば　三十一で　きのふ死《しに》けり

筑前とは光高のこと。光高は下戸だったから三一歳で死んだのだ、というわけだ。家光も苦笑するほかなかった、と伝えられている(『事跡合考《じせきがっこう》』)。

少し狂歌の言葉の違う本もあり、そちらは「下戸なれど」となっている。「飲まないから」ではなく、「飲まないのに」というわけだ。

どちらにしても、あまり褒《ほ》められた歌ではないが、忠昌も四か月後に四九歳で死去。〝言わんこっちゃない〟という落ちもついている。

明治時代の小説『金色夜叉』の尾崎紅葉《おざきこうよう》は、「三杯上戸」と自称した下戸だった。十三夜の月を詠んだ句がある。こちらは穏やかで微笑《ほほえ》ましい。

下戸同士　団子はどうじや　後《のち》の月

手本は小原庄助か？

バブル経済真っただ中の一九八八年、政府の新経済五か年計画の中間報告が、労働時間の短縮などを提言した。「豊かさを実感できる国民生活の実現」が柱だった。

このとき、自民党の先生方がかみついた。曰《いわ》く、「日本人はこれから二宮金次郎《にのみやきんじろう》をやめて小原庄助《おはらしょうすけ》になれ、ということか」。

庄助といえば、民謡「会津磐梯山《ばんだいさん》」の囃子《はやし》ことばに名前の出てくるナゾの人物。「朝寝、朝酒、朝湯が大好きで、それで身上《しんしょう》つぶした」と唄われる。

この中間報告に関する『朝日新聞』の社説（一九八八年二月一一日）が目を引いた。タイトルはずばり、「庄助さんではだめなのか」。

社説の筆者は、「経済大国になっても、貧しい国の当時のままの意識にしばられていたのでは、『豊かさを実感できる国民生活』は、なかなか実現できないだろう」「庄助さんの歌には（略）、日本の庶民のあこがれがこめられているのではないか」と庄助擁護論を展開した。

その庄助の墓が、会津ならぬ千葉県木《き》更津《さらづ》市にある。木更津駅から徒歩一〇数分、平等院というお寺の本堂わき。徳利の上に杯を伏せた形は、酒を愛した人生にふさわしい。正面には「法雲法子位」の戒名。裏を覗《のぞ》くと、「俗名　庄助」と刻まれ、弘化三年（一八四六）一一月八日、九一歳の大往生だったことがわかる。

「世の中の酒は　諸白《もろはく》みハ徳利　焼酎そばを離れ枡舞《ますま》ゐ」。こんなしゃれた辞世《じせい》の歌さえ彫り付けられている。

それにしてもなぜ木更津なのか。地元の小林善太郎氏が調べた結果を、『おはら庄助さんと木更津』（一九七四年発行）という本にまとめている。それによれば、この庄助は、愛知県瀬戸市の出身。油絞りの職人として諸国をめぐり、最後に住

小原庄助さんの墓　近年、墓域が整備され、墓誌も建てられている。徳利型の立派な墓石が遺徳をしのばせる。千葉県木更津市、平等院

二宮尊徳像　薪を背負って書を読む少年時代の像とは異なり、たくましい壮年期の姿を映している。神奈川県小田原市、報徳二宮神社

みついたのが港町としてにぎわった木更津だ。

当時、この地には出稼ぎの職人が多数来ていて、これらの人びとをつうじて、素晴らしい飲みっぷりの庄助の名前が広まったのでは、と推測している。

しかし、庄助の墓は福島県内にも二か所にある。木更津を含め、どれも別々の人物だ。憧れの庄助ではあるが、その実像は杳《よう》としてつかめない。

一方の二宮金次郎（尊徳《そんとく》）。こちらは実在の人物だ。

天明七年（一七八七）、今の神奈川県小田原市栢山《かやま》の出身。子供のころに父母を相次いで失い、伯父の家に身を寄せた。幼少時の洪水で水没してしまった父の田畑を、独力で農地に戻して再興。その手腕を買われ、窮乏状態にあった各地の農村復興に尽くした。

金次郎が口をすっぱくして説くのは、「節倹」だった。縄を一房なえば五厘《りん》、一日働けば一〇銭《せん》手に入るが、「今手に入る一〇銭も、酒を呑めば直《すぐ》になし」と。正月のモチ米を借りに来た畳《たたみ》職人には、「年中家業を怠って、金があれば酒を呑むような者が、一生懸命働いた者と同様に正月にモチを食おうとするのは甚《はなは》だ心得違《こころえちが》いだ」。さんざん叱られ、しょんぼり帰ろうとする職人に、最後は白米とモチ米を一俵ずつ、そして現金一両を渡す人情家でもあった。

宴会は嫌いだが、酒が嫌いだったわけではない。多忙な一日を終えたあとの夕食では、たいてい酒を出させ、門人や来客とゆっくり歓談したという。

だが、鉄則があった。まず杯。大小さまざまな杯が用意され、各人、自分の酒量に応じて選ぶのだ。そして大事なのが献酬《けんしゅう》の厳禁。さしつ、さされつ——なんて論外。酒は疲れをいやすためのものであり、それぞれが適量を手酌《てじゃく》で飲めばいい。「自盃自酌」のほろ酔いだ。

さて現代、少子高齢社会を引きずる日本経済に往時の勢いはない。今だからこそ先の社説のように、「庄助さんではだめなのか」と声を上げてみたくなる。ちょっと酔ったふりをして。

二人の政治家、痛恨の酒

飲んだときの顔がいい。ぐい飲みを持ちながら、白い歯を見せた高笑い。いかにも酒好きという面相だった。

泉山三六《いずみやまさんろく》氏（一八九六〜一九八一）。覚えている人はもはや少ないだろう。もともとは銀行マン。旧三井銀行の企画部長などを経て、昭和二二年四月の総選挙で初当選。翌二三年一〇月の第二次吉田内閣で、いきなり大蔵大臣に抜擢《ばってき》された。それがよかったのか、悪かったのか――。事件は、同年一二月一三日の夜に起きた。翌一四日には、野党は内閣不信任案を提出する予定。まさに解散総選挙前夜のことである。

この日（一三日）、泉山氏はＧＨＱ（連合国最高司令官総司令部）との折衝に出掛けていて、酒を口にしたのは午後六時すぎ、国会に戻ってからだったという。

本人がのちに執筆した半生記『トラ大臣になるまで』（昭和二八年）によれば――。

戻ると、衆院本会議は休憩中。「閣僚諸君は大臣食堂で珍しくお酒が出て、皆一杯やってはしゃいでいた」。泉山氏は「二人分ぐらい」飲んだ。

午後六時半ごろ、参議院食堂で開かれていた大蔵委員会の招宴《しょうえん》に駆け付け、民主党の女性衆院議員Y女史と飲む。「心安く互いに盃を交わしているうちに、とうとうコップ酒となった」。

杯片手で笑顔の泉山氏 「私の酒は脱線するといわれるが人生の線路なんてどこにあるの?」。事件後、参院議員となり、持論を語った。『アサヒグラフ』1955年新春倍大号より。

約三〇分後にY女史と連れ立って席を立つ。この後の出来事は『読売新聞』が報じたY女史の言葉によるほかはない。それによれば、泉山氏は「ここはつまらんから他所《よそ》に行こう」と言って廊下に連れ出した。

さらに「僕は君が好きなんだ」などと言って、「接吻《せっぷん》を強要」。「私(Y女史)が顔を横にそむけたのではずみで（泉山氏に）左のアゴをかみつかれた」のだという。

この後、泥酔《でいすい》した泉山氏は衆院本会議場横のソファに倒れこんでいるところを多くの人に目撃されている。

「朦朧《もうろう》として記憶がない」「酔眼朦朧、酔歩《すいほ》蹣跚《まんさん》」（『トラ大臣になるまで』）。

この一夜の醜態で大臣のイスはもちろん議員のイスも失った。

「大トラ」と報じられた泉山氏は翌一四日、吉田首相に謝罪に訪れている。『読売新聞』、今度はこう見出しをつけた。「一夜あければネコ」。

しかし、ネコもそう簡単にはくじけない。かえって名前を憶えられたこともあり、その後、参議院議員に当選、二期一二年を務めている。「人生は詩であり、詩は酒である」とのたまう泉山氏、遺した言葉もまた詩人気取りだった。

一路春風應托酒（一路春風　應《まさ》に酒に托《たく》すべし）
英雄半面是詩人（英雄の半面は　これ詩人）

◇

明治一一年（一八七八）三月二八日夕刻、惨劇は起きた、とされている。

現場は東京・麻布。薩摩《さつま》藩出身で時の北海道開拓長官を務める大物政治家、黒田清《くろだきよ》隆《たか》の屋敷だった。酔った黒田が夫人の清《せい》(二三)を日本刀で斬殺したという。

黒田に馴染《なじ》みの芸者ができ、夫人が恨み言を漏らした。その一言が引き金になった、と司法官で歴史学者の尾佐竹猛《おさたけたけき》が書いている。

なにしろ黒田という男は、酒ぐせが悪かった。浴びるように飲んでは、狂ったように暴れ出し、暴力をふるう。ふだんは大物然としているのだが、まさに狂気だった。ただ、木戸孝允《きどたかよし》だけは苦手だったらしい。ある宴席で殴り掛かったところ、逆に取り押さえられ、紐《ひも》でぐるぐる巻きにされた。以来、どんなに暴れていても、「木戸が来た」と言えば小さくなったとか。

それはさておき、夫人は病死として土葬された。が、四月一三日の風刺雑誌「団々《まるまる》珍聞《ちんぶん》」が「酒興の余り」の殺害と報じた。

そこで登場するのが、日本の近代警察を確立した大警視・川路利良《かわじとしよし》だ。遺体を掘り起こすことになり、みずから穴に入って棺の蓋《ふた》を開け、すぐさま「これは病死じゃ」「変死じゃない」と即断。ただちに蓋は閉められたという。

こうして、「事件は闇《やみ》から闇に葬られた」。そう尾佐竹が顚末《てんまつ》を『読売新聞』に連載したのは、大正一〇年一〇月のこと。のちに出版した『法曹珍話閻魔帳《ほうそうちんわえんまちょう》』にも収載されている。

黒田がみずから身の潔白を証明しなかったのも事実だが、反面、殺害を裏付ける物証や目撃証言が残されていないのも事実だ。

丹念に調査した北海道の郷土史家、井黒弥太郎氏は、『追跡黒田清隆夫人の死』（昭和六一年）を著し、川路の遺体発掘自体、「世人の幻想したドラマ」と切り捨てている。黒田を「夫婦愛の人」とみる井黒氏。しかし、それでも結論は、「人間的にみて白と信じている」と記すにとどまった。

黒田は明治一七年に伯爵《はくしゃく》を授けられ、事件一〇年後の同二一年四月、ついに伊藤博文《いとうひろぶみ》に次ぐ第二代内閣総理大臣に四七歳で就任している。在任期間五四四日。そして同三三年八月二三日、波乱の人生を終えた。六一歳。

棺《かん》を蓋《おお》いて事定まる。人名辞典を開けば、「酒乱のため病妻を殺害したとの風評」「夫人の死は黒田の酔余の斬殺との噂《うわさ》」などの記述がついて回る。まことに惜しまれるというほかない。

燗酒あってこその日本酒

今や居酒屋にとって、燗酒《かんざけ》は手間のかかる面倒な酒なのだろうか。リストには本醸造・純米・吟醸と、さまざまな種類の多くの酒が並んでいても、「燗酒はこれです」と見せられるのは安めの酒の一、二種類。「これ以外は、燗には向いていません」と言い切る店まである。

いろいろと都合もあるのだろうが、冷酒ばかりが日本酒ではないし、冷やして飲むのが一般的な吟醸酒でも「ぬる燗」という手がある。

そもそも幅広い温度で楽しめるのが、日本酒なのだ。冷酒、常温（これが昭和まで「冷や」だった）、そして燗。さらに燗のなかにも熱燗、ぬる燗、もう少しぬるいと人肌燗などというのもある。

燗酒の旨《うま》さは、杯に注いだときに立ち上る香り、口に含んだときのふっくらとしたコメの旨味だ。日本人は長く、この味を堪能してきた。

若山牧水遺愛の酒器　酒と旅の歌人、牧水が晩年、愛用した。「青柳に蝙蝠（かわほり）あそぶ絵模様の藍深きかも」と歌った杯。静岡県沼津市、若山牧水記念館

平安の昔、貴族のあいだでは重陽《ちょうよう》の節句（旧暦九月九日）、つまり菊の節句から桃の節句まで、温めた酒を飲んでいた。寒い時期の飲み方だったようだ。

だが、旨いものは、いつでも旨い。宣教師ルイス・フロイスが、「日本では、（酒を）飲むとき、ほとんど一年中いつもそれを煖《あたた》める」と書いたのは、天正一三年（一五八五）のことだ。

その温めた酒が「燗酒」と呼ばれるようになった最古の記録ともされるのは、江戸初期の浄土僧・安楽庵策伝《あんらくあんさくでん》（一五五四〜一六四二）が書き残したこんな小話だ。

室町幕府八代将軍・足利義政《よしまさ》（一四三六〜九〇）の召使に、「干陽朱《かんようしゅ》」という男がいた。あるとき、その名のいわれを聞かれ、義政はこう答えた。

「無芸の者だが、酒の燗をさせると上手だ。湯気の立つ具合を見て湯から引き上げる加減がうまく――」。そこで「燗ようし」と付けたのだと（『醒睡笑』）。

この話を信じるならば、「燗」という言葉が使われだしたのは一五世紀にまでさかのぼる、というわけだ。

さて、「酒の燗ようし」とくれば、つぎはお酌《しゃく》。作家の幸田文《こうだあや》さんが父・幸田露伴《ろはん》の思い出に触れながら、酒のお酌について語っていた。ある店で年をとった女性が酒をついでいる姿に打たれたという。

「しわだった手で不器用に、ただ、ついでくれるのですけれども、徳利の中から出てくるお酒は、その人が心を傾けて、ついでいる風なんでございます」「私は、父にも亭主にも——好きな人にも——お酒を、ツイ、うまくついだことがない、雑な女だったという感じがして、じつに後悔したのでございますよ。お酒というものは、心をつぐものでございますねえ！」（『増補　幸田文対話（上）父・露伴のこと』岩波現代文庫）

機械的な酌なら、手酌で飲んだ方がまし、というのが亡父の教えだった。心をつぐ。そんな大切なチャンスをつくる燗酒を見直したいものだ。

■燗酒の表現

おおよその温度　℃	表現
30℃	日向（ひなた）燗
35℃	人肌燗
40℃	ぬる燗
45℃	上（じょう）燗
50℃	熱燗
55 ℃以上	とびきり燗

ここで一献

⑧泉鏡花の燗酒は煮えていた

上記の燗はごく一般的なもの。かつては、もっと熱くなければダメという御仁も少なくなかった。明治から昭和初期にかけての小説家・泉鏡花もそのひとり。

親交のあった日本画家の小村雪岱《こむらせったい》が書いている。「私共が手に持ってお酌が出来るような熱さでは勿論《もちろん》駄目で、煮《にえ》たぎったようなのをチビリチビリ」。

じつは、鏡花は子供のころに腸の病気をして以来、生《なま》ものいっさいを拒絶。刺身はもちろん、吸物のなかのユズの一片も口にせず、ダイコンおろしや果物も煮てはじめて食べるほどだった。バイ菌を恐れるあまりの超熱燗。作品にも「熱燗に舌をやきつつ」なんていう表現もある。さて、その温度は――。

特定名称酒

改めて「日本酒って何？」

コメで造った透明な日本古来の酒を、ふつう、「日本酒」と表現する。本書でもそう書いてきたが、酒税法では「清酒」と表現される。アルコール分は二二度（＝パーセント）未満でなければならない。

この清酒のなかで「日本酒」を名乗れるものは、平成二七年（二〇一五）から、①日本国内産のコメだけを使用し、②日本国内で製造したもの――だけと決められた。シャンパーニュやボルドーワイン、あるいはスコッチウイスキーなどと同様、特定の産地で造られたものであることを明示する「地理的表示」だ。

次に、清酒にはどんな種類があるのか。かつては特級酒、一級酒などと区分する「級別制度」があり、おおよそ高級な酒、普段の酒といった判断の目安になっていたが、この制度は廃止されている。

現在もあるのは原料別の区分だ。まず、コメ、コメ麹、水だけが原料の「純米」系。もうひとつが、さらにサトウキビの搾《しぼ》りかす(廃糖蜜《はいとうみつ》)が原料の醸造アルコールも用いる「アルコール添加(アル添)」系だ。

一方、コメの精米歩合など一定の製法品質表示基準に基づく区分があり、この対象となる酒が「特定名称酒」、対象外の酒は「普通酒」の二種類に分かれる。一般的に手ごろな価格の酒はこの普通酒だが、ビンのラベルには単に「清酒」とだけ表示される。

特定名称酒には八種類あり、〈純米系〉〈アル添系〉に分けると——。

〈純米系〉①純米大吟醸、②純米吟醸、③特別純米、④純米——の四種類

〈アル添系〉①大吟醸、②吟醸、③特別本醸造、④本醸造——の四種類

特定名称酒は、アル添系でも、醸造アルコールの添加割合は使用するコメ(白米)の重さの一〇パーセント以下と定められている。また、純米酒を除き、コメの精米歩合(数字が小さいほど多く削られている)の基準が決められている。じつは純米も、当初は七〇パーセント以下という基準があったのだが、そこまで削っていない酒が「コメだけの酒」として売られるなど、わかりにくいとの声があり、平成一六年(二〇〇四)から精米歩合の基準ははずされたのだ。

価格面で純米大吟醸と大吟醸を比較してみると、ともにコメの精米歩合は五〇パーセントだったとしても、醸造アルコールの添加の有無で違いが出るはずだ。アル添の大吟醸のほうが高価なコメの使用量が少なくてすむのは明らかで、同じ蔵で同じように造ったのであれば、純米大吟醸より大吟醸の方が安いと思われる。

また、一般的には、コメに磨きをかけた酒のほうが高い価格になる。特定名称酒のなかでは、本醸造がいちばん低い価格設定になっているようだ。

どれを選ぶかは好みと財布の問題だが、純米酒はまさにコメの酒。冷やから燗酒までオールラウンドだが、とくに燗をつけると伝統の酒の旨さが口に広がる。本醸造は一〇パーセント以下のアル添によって、すっきりとした味わいになっているのは間違いなく、捨てたものではない。

一方、吟醸系の酒は、純米吟醸も含め、ワイングラスで飲んでもいいような別種の味わい。日本酒に新たな地平を切り開いた。冷やして呑むのがふつうだが、ぬる燗で花開く味わい深い吟醸酒もある。

なお、普通酒のアルコール添加割合はコメなどの重さの半分を超えてはならないことになっている。

■特定名称酒の表示基準

特定名称	使用原料	精米歩合
大吟醸酒	米、米麹、醸造アルコール（白米重量の10%以下）	50% 以下
吟醸酒		60% 以下
特別本醸造酒		60% 以下　又は特別な製造方法（要説明表示）
本醸造酒		70% 以下
純米大吟醸酒	米 麹米	50%以下
純米吟醸酒		60%以下
特別純米酒		60% 以下　又は特別な製造方法（要説明表示）
純米酒		—

⑨コメを削ればいいの？

さまざまな酒の質の違いを分かるようにしたのが、特定名称酒の基準だ。酒のビンのラベルに必ず表示されている。純米酒を除き、これらの酒に共通するのは、コメの磨きだ。本醸造でも七〇パーセント以下のコメを使っている。

最近は五〇パーセントを大きく下回る、極端なコメの削りをうたう酒が登場している。しかし、多く削ればいいのかどうか。削られたコメに含まれていた雑味だって酒の味わいである。第一、造り手の腕の問題もある。

話題作りのための酒造りでは、長続きはしないはず。

日本酒はどこへ

農芸化学者・坂口《さかぐち》謹《きん》一郎《いちろう》氏は、著書『日本の酒』（岩波文庫）をこう書き起こしている。

「世界の歴史をみても、古い文明は必ずうるわしい酒を持つ。すぐれた文化のみが、人間の感覚を洗練し、美化し、豊富にすることができるからである」

日本列島の人と風土が作り出した日本酒の大切さを再認識させてくれる言葉だ。しかし、現実に目を向けると、日本人はその文化の精華ともいうべき日本酒を飲まなくなってきている。深刻な日本酒離れが止まらないのだ。

たしかに吟醸酒など「特定名称酒」が注目を集め、欧米への輸出も伸びている。しかし、輸出される量などは、ほんの氷山の一角である。水面下の巨大な氷塊は急速に溶けつづけ、その溶解のスピードは鈍っていない。

日本酒はどこへ行こうとしているのか。

■主な酒類の課税数量（国税庁）

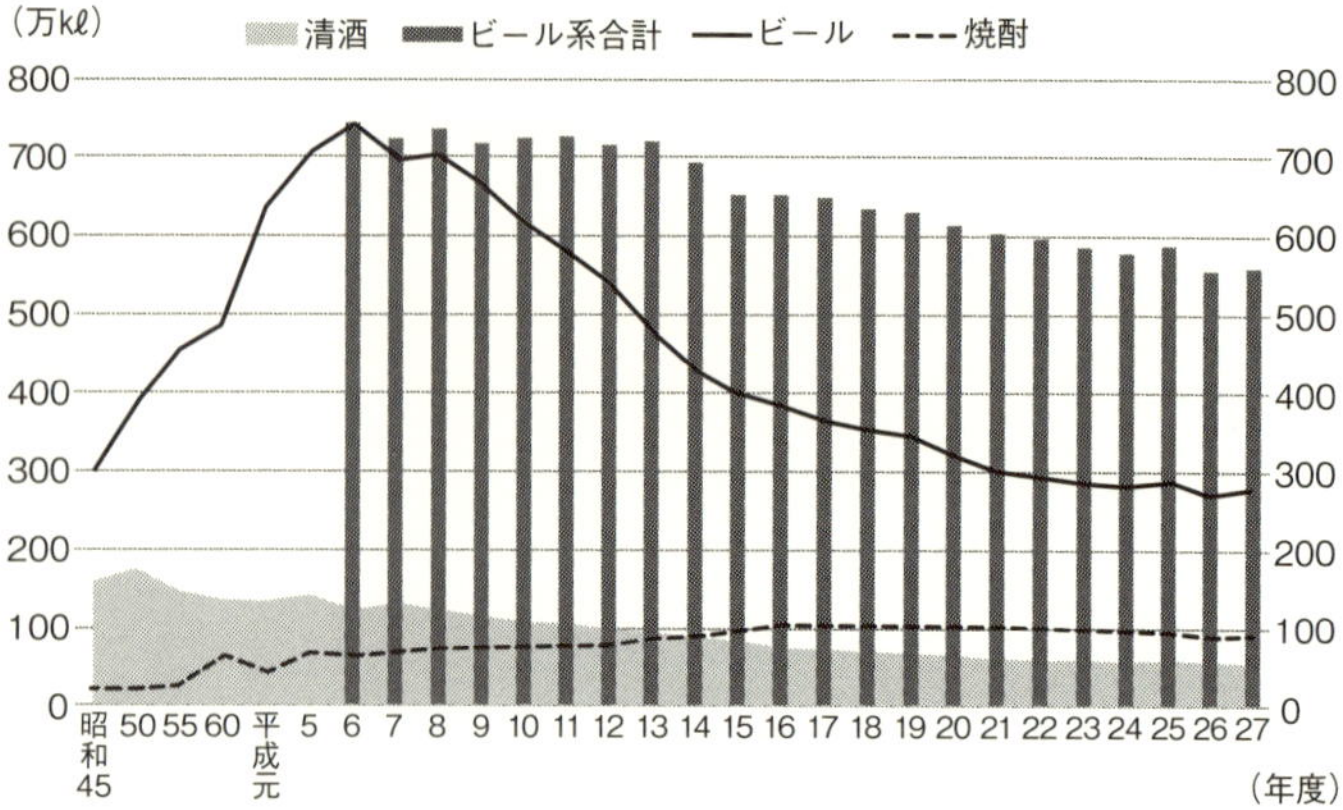

国税庁の「酒類販売（消費）数量の推移」（表）を見れば、事態の深刻さは一目でわかる。

昭和四八年度に清酒は一七六万六〇〇〇キロリットルを販売した。一升ビン（一・八リットル）でざっと九億八〇〇〇万本、当時の人口は一億一〇〇〇万人だから、一人年間八・九本を飲んだ計算になる。

これをピークに、以後、急落をたどり、平成二八年度には三分の一の五三万七〇〇〇キロリットルにまで激減。一人あたりでは二・四本。下がりっぱなしの長期低落だ。

売れないわけだから、造り手も減る。清酒の「酒類等製造免許場数」では昭和五〇年度の三二二九社から平成二八年度には一六一五社へと半減している。

じつは、日本酒造りの業界は大半が中小企業。年間販売量が一万キロリットルを超えるような大企業（ナショナルブランド）はわずか一一社に過ぎないが、その総販売量は全国の半分近い四七パーセントを占めている。逆に販売量二〇〇キロリットル以下の蔵は一一〇〇社に上るのだが、全体の一一パーセントを売っているに過ぎない。

結局、消えてゆくのは地域の小さな蔵ばかり。長い歴史を持った蔵の消滅は、飲み慣れた地元の酒の消滅というだけでなく、ときには町の衰退を象徴するものでもある。

一方で焼酎は一八万九〇〇〇キロリットルから八三万一〇〇〇キロリットルへ、ワイン（果実酒）は二万七〇〇〇キロリットルから三五万三〇〇〇キロリットルへ、それぞれ大幅に伸びている。

この日本酒離れの原因として、長く飲みつづけてきた日本酒世代の高齢化、食生活の変化、そしてさまざまな魅力的な酒類の登場などが指摘される。しかし、もっと大事なことは、日本酒のイメージの悪化だろう。「おやじくさい」「カッコ悪い」「悪酔いしそうだ」——。会社の宴会などで演じられたドンチャン騒ぎを過去のものとみる世代の登場とともに、日本酒はすっかりカッコの悪い飲み物となってしまった。

そのなかで、日本酒の未来にわずかでも光明を見出せる要素があるとすれば、そのひとつは吟醸酒の定着だろう。ちょうど日本酒ピークの時代に出回りはじめたこの酒は、高度に精白したコメで低温発酵させたものだが、「吟醸香《ぎんじょうか》」と呼ばれる品のいい独特の香りとすっきりとした味わいが特徴だ。

吟醸酒ブームの仕掛け人とも呼ばれる建築家・篠田次郎《しのだじろう》氏は、著書『吟醸酒への招待』(中公新書)でこう言い切っている。「日本酒から生まれた日本酒でない日本酒」。酒質の違いを表現したのだろうが、この言葉にはさらに、もうひとつ別の思いが込められているように感じる。第二次世界大戦前後の日本酒の歴史とは一線を画したものであってほしい、という願いだ。

日本酒の長期低落の背景として忘れるわけにはいかない「三倍増醸酒(三増酒《さんぞうしゅ》)」の歴史である。

それは、「金魚酒」を序章として始まった。日中戦争の勃発による食料不足のなか、昭和一四年(一九三九)ごろ、こんな酒が出回ったとされる。「三日間、金魚が生きられる」という薄さまで水で増量した酒だった。これはさすがに評判を落としたが、昭和一七年には、水ではなく大量の醸造アルコールで増量したアルコール添加(アルコール添)の酒が試醸として公認された。

女性はモンペをはかされ、「欲しがりません勝つまでは」「ぜいたくは敵だ」の標語が叫ばれた時代。「酒が切れては、戦意に影響が出かねない」と考案された「戦時の酒」だった。

そして敗戦。なおコメは不足し、復員兵が増えて酒の需要は増えつづけた。この情勢に対応するため、昭和二四年に登場したのが三増酒だった。増量用の高純度の醸造アルコールは、精糖した後のサトウキビの搾《しぼ》りかす（廃糖蜜《はいとうみつ》）などを発酵させ蒸留したもので、無味無臭。それをコメで醸造された本物の日本酒に大量に加えるのだ。

本物の日本酒はコメ一トンから度数三〇パーセント換算で一二〇〇リットルできる。ここに加える醸造アルコールの量は、度数三〇パーセント換算で二四〇〇リットル。合わせると三六〇〇リットルになり、ちょうど三倍のアル添酒ができる。

もちろん味わいは薄れてしまう。そこで、添加する醸造アルコールには、味付けのブドウ糖やコハク酸・乳酸、さらにグルタミン酸ソーダ（アミノ酸塩）などが加えられた。これを「調味液」と呼ぶ。

原料のコメは少なく、売り物の酒は味付けでごまかして多く――。残念ながら、これが三増酒である。今だから言えるのかも知れないが、これなら水で薄めただけのほうがまだましではないかとさえ思われる。

しかも、こうした酒造りが「戦後」の復興もとうに終わった平成一八年の酒税法改正まで堂々とまかり通ってきたのだ。じつに半世紀以上にわたり継続されたのだ。

三増酒は実際には、ふつうの酒にさらにブレンドして売られていたが、昭和世代が飲んだ日本酒は、いずれにせよ、この手の酒だったということになる。「日本酒は悪酔いする」「二日酔いがひどい」。本当は深酒のせいだったのかも知れないが、昭和世代のそんな愚痴とともに思い出される三増酒なのだ。

篠田氏が、三増酒健在時の平成九年発行の先の著書でこう嘆いている。

「日本酒の価格を押さえねばならないからとか、消費者がこの味に馴れているからとかいって、あの終戦後の窮乏での緊急避難策を、米あまりのこんにちまで延命し、酒をつくっている業界と、それを許している制度を知るこちらが赤面しそうだ」

アル添はなお存続している。ようやく平成一八年の法改正で三増酒は清酒の定義から外されたのだが、すべてのアル添酒が否定されたわけではなかった。

特定名称酒のうちの大吟醸、吟醸、本醸造、特別本醸造の四種類には使用するコメ（精米後）の重さの一〇パーセント以下の醸造アルコールの使用が認められている。

これについて関係者は、①江戸時代にも、「柱焼酎《はしら》」との名称でコメ重量の一〇パーセント程度のアルコール（焼酎）を加えていた、②酒本来の香気を引き立たせる効果がある、③火落ち菌を防ぎ保存性が高まる――としている。実際、アルコールを加え、二〇パーセント以上の度数にすると、間違いなく保存性が高まるのだという。

ここまではぎりぎり許容範囲だとしても、特定名称酒以外の普通酒のアル添はコメ重量の五〇パーセントまで認められるうえ、こちらは味付けもできる。さすがに江戸時代にもそんな味付け酒はなかったはずだ。

平成二八年度の国税庁のデータによれば、コメ一トン当たりの醸造アルコールの使用量は、吟醸酒で一〇一リットル、本醸造酒で一一〇リットル、普通酒にいたっては二八三リットルにのぼっている。

たしかにいま、本物志向に支えられ、特定名称酒は着実に伸び、日本酒生産量の三五パーセント程度を占めるまでになっている。かつては普通酒を造らない蔵はほぼなかったのだが、近年、普通酒は造らず、特定名称酒だけに特化しているところも登場、新しい酒造りへの挑戦が始まっている。

また、日本酒の輸出も好調で、その輸出量は日本酒全体で平成二一年度が一万二〇〇〇キロリットル（輸出額七一億八四〇〇万円）だったが、同二九年度には二万三五〇〇キロリットル（同一八六億七九〇〇万円）に達している。別の調査だが、日本酒輸出の五五パーセントが特定名称酒で、残りが価格的に安い普通酒。酒造会社にとっては、海外での特定名称酒の人気は間違いなく朗報だ。

ただ、水を差すようだが、輸出量は日本酒全体からみればわずかなものだ。日常的に日本酒を飲んできたヘビーユーザーは日本国内にいる。この日本酒党のコア層を大事にしないで、日本酒に明日はあるのだろうか。

日本酒の海外普及に力を注いだある外交官が平成二一年に専門誌に書いた一文は、衝撃的でさえある。

このなかで、その筆者は、ワインとの比較で日本酒について、「誰もが理解できる『整理された知識』が揃《そろ》っているとは言いがたい。透明性が不十分なのである」としたうえで、次のように指摘している。「とくにアル添についての説明が不十分なことが、外国人のみならず日本人に対しても日本酒を分かりにくくさせている。日本酒に一種の胡散臭《うさんくさ》さがつきまとっている原因かもしれない」。

明快な指摘だと思う。

この分かりにくさは、「悪酔いしそうだ」というイメージとも無縁でない。酒造会社はこうした日本酒への誤解を解くための努力を惜しむべきではない。

◇

日本のオペラ界の第一線で長く活躍するメゾ・ソプラノ歌手の郡愛子《こおりあいこ》さんのリサイタルを聴いた（令和元年六月）。心に残った一曲が「酒の歌」。伊藤康英《いとうやすひで》氏が曲をつけた若山牧水《わかやまぼくすい》の歌で、まさに名曲。日本酒ファンとしても知られる郡さん、その圧倒的な表現力を見せつける熱唱だった。

それほどに　うまきかと人の　とひたらば　なんと答へむ　この酒の味

ワインやビールでこんな歌がつくれるだろうか。「それほどに」と問われ、「さて、なんと答えよう」と瞑目《めいもく》し、静かに酒を口に含む。この間合い、この温もり。旨い酒への感謝をこめて、日本の酒文化に杯を捧げよう。

⑩日本酒の甘辛の指標

日本酒の甘辛は、結局のところ、自分の舌で感じ分けるしかないのだが、一応の目安として使われている二つの指標がある。

ひとつが「日本酒度」。酒の比重を使った数値で、数値が低ければ低いほど糖分が多く、甘い酒。数値が高ければ高いほどアルコール分が多めで、糖分の少ない辛い酒とみることができる。

平成二九年度の全国調査（国税庁）での平均値は、普通酒三・七、吟醸酒三・六、純米酒四・四、本醸造酒四・五。たとえば、普通酒で日本酒度二・五といえば、全国平均値よりも結構、甘めの数値だ。

ただ、日本酒は含まれている乳酸など有機酸の量が多いと、日本酒度が低めでも辛めに、また濃く感じる。その指標が「酸度」だ。先の調査での平均値は、普通酒一・二六、吟醸酒一・三一、純米酒一・四六、本醸造酒一・二七。これより多ければ多いほど辛めの酒であり、濃醇タイプだ。

■普通酒の甘辛度・濃淡度の県別分布（平成26～29年度の平均値から算出）

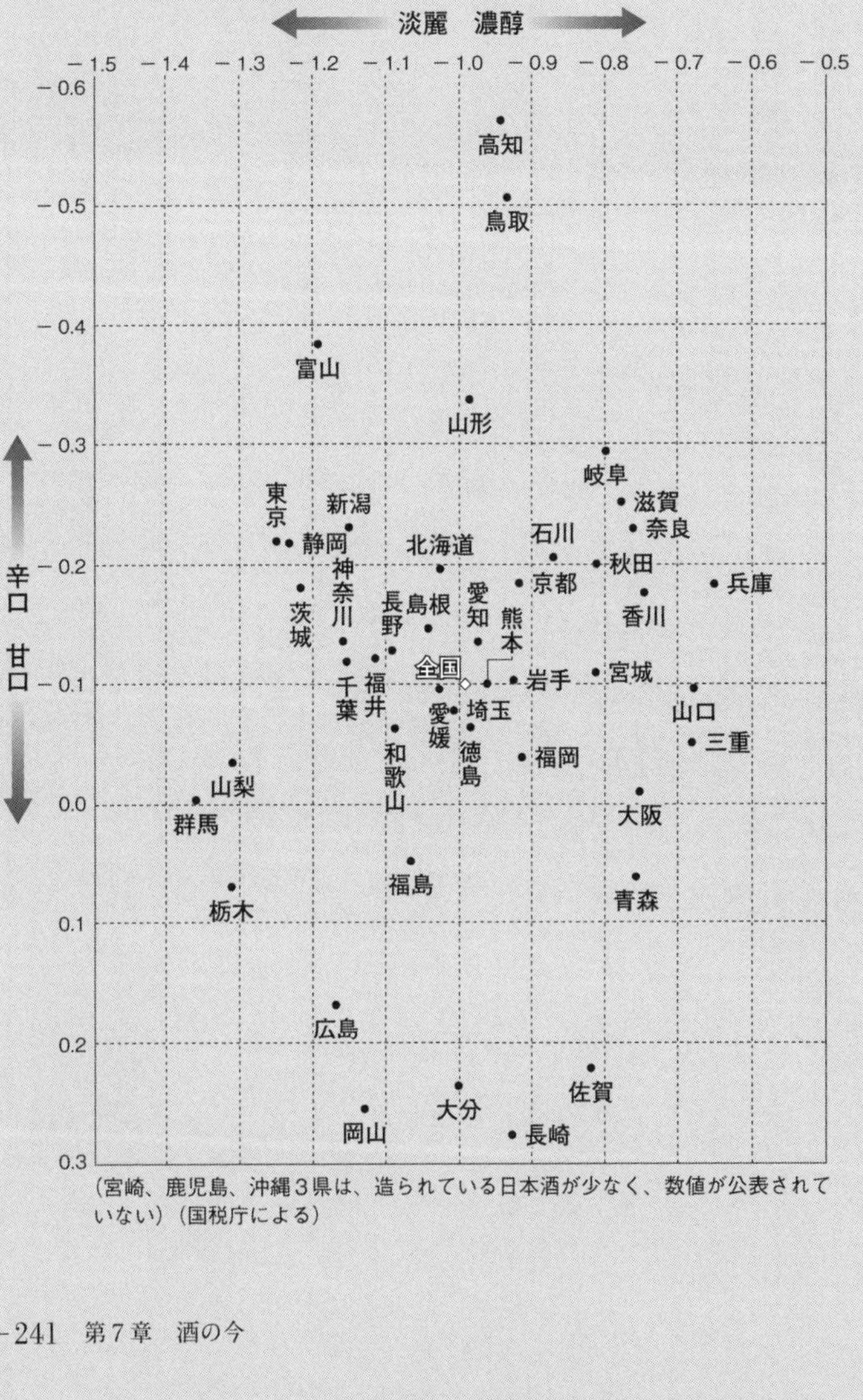

（宮崎、鹿児島、沖縄３県は、造られている日本酒が少なく、数値が公表されていない）（国税庁による）

日本酒はこう造る

日本酒造りは、「一麹《こうじ》、二酛《もと》、三造り」といわれる。まずは良い麹、そして良い酛（酒母《しゅぼ》）、最後に醪《もろみ》の発酵具合だ。もちろん原料としての水とコメが大切であることは言うまでもない。日本酒造りは、この原料選びから始まる。

＜水＞

日本酒のアルコール度数は一般的には一五～六度（＝パーセント）だから、杯の中の八〇パーセント以上が水ということになる。良質の水がなければ、旨《うま》い酒は生まれない。

水質でとくに問題となるのが鉄分。酒の味が悪くなるうえ、赤褐色《せきかっしょく》に着色してしまう。このため醸造用水としての鉄分の基準は一リットルあたり〇・〇二ミリグラム以下で、水道水の基準（〇・三ミリグラム）よりも格段にきびしい。

一方で、カリウム・リン酸・マグネシウムといったミネラルは、麹菌や酒母の活動を促進させる。これらがほどよく含まれていた「宮水」の発見が、灘《なだ》の酒造りの発展をもたらした（本書一七八ページ参照）。

〈コメ〉

精米前のコメ（玄米）の七〇〜七五パーセントがデンプンだ。残りは一五パーセントが水分、七〜八パーセントがタンパク質、二パーセントが脂質、一パーセントが灰分とされる。このうちのデンプンが酒造りの主役となる。

作業では、まずコメを磨くことから始まる。精米である。

ご飯として食べるコメの精米は一〇パーセント程度削っているが、醸造ではさらに磨きをかける。コメの表層部分にはタンパク質などデンプン以外の成分が多いため、精米を進めることでコメ自体は小さくなるが、デンプンの割合が増えるのだ。これにより、よりすっきりとした味わいになる。ただ、デンプン以外の成分も、多いと雑味にはなるが、微量は必要。とくにタンパク質は分解されてアミノ酸ができ、これが酒の旨味成分となる。

その精米の度合いを示す数値が「精米歩合」。これは削った割合ではなく、精米後に残った割合。つまり、玄米のときの重さに対する精米後の重さの割合をいう。六〇パーセントの精米歩合といえば、四〇パーセント分が削られ、糠《ぬか》になったということ。大吟醸、純米大吟醸と表示できる酒は、精米歩合五〇パーセント以下でなければならないなどの決まりがある（特定名称酒）。

醸造用のコメは「酒米（酒造好適米）」と呼ばれ、一般の主食用のコメとは別に栽培される。山田錦・五百万石などの品種が知られているが、コメの粒が大きいうえ醪《もろみ》の中で溶けやすく、アルコール発酵に適している。このため、酒質を左右する麹づくりや酒母づくりで使うことが多い。

酒造りではふつう、使用するコメの二〇パーセント程度が麹、七パーセント程度が酒母用となる。残る七〇パーセント程度が仕込み用のコメ（掛米）で、麹用などには酒米を使っても、この掛米には、酒米より価格の安い主食用のコメを使うことが一般的だ。

〈麹づくり〉

日本酒造りで使われる麹は、コメに麹菌の一種「黄麹菌《きこうじきん》（学名、アスペルギルス・オリゼー）」をはやしたもので、その菌の胞子《ほうし》が種麹《たねこうじ》だ。モヤシとも呼ばれている。

蒸した米を三五度程度に冷まし、この〝魔法の粉〟を散布することから、いよいよ酒造りが始まる。三〇度前後に保たれた専用の麹室《こうじむろ》で作業は行われ、胞子が発芽し、菌糸（破精《はぜ》）を伸ばして成長する。その経過に合わせ、蒸米をかき混ぜたり、広げたりして、適切な水分と温度の管理をしなければならない。

約二日間で麹が完成する。破精が蒸米の表面を覆っている「総破精麹」は濃醇な酒質向き。破精が内部まで食い込んでいる「突き破精麹」は淡麗な味わいとなり、吟醸酒向きだ。目標とする酒の質に応じて、麹を作り分けている。

麹はコメのデンプンを分解してブドウ糖に変えるほか、タンパク質を分解して旨味成分のアミノ酸に変える働きをする。

〈酒母づくり〉

麹によって作り出されるブドウ糖を、アルコールに変える発酵は酵母《こうぼ》の役割だ。パンづくりでも欠かせない酵母だが、日本酒造りではサッカロマイセス・セレビシエという種類が使われる。

現在は、専門機関で純粋培養された酵母を利用しているが、かつては自分の蔵に住みついた「家付き酵母」が利用されていた。

酵母を大量に培養したものが酒母《しゅぼ》、あるいは酛《もと》だ。文字どおり、酒を生み出す母であり、最終的な酒の香や味に大きな影響を与える。

江戸時代に確立した「生酛《きもと》」という技法では、蒸したコメと麹を水の中でかき混ぜ、櫂《かい》という道具でコメをすりつぶした。これが「山卸《やまおろし》」と呼ばれる作業。こうした作業のあいだに、水の中にいた硝酸還元菌や乳酸菌が働いて雑菌の繁殖を防ぎ、麹菌が元気に活動できる環境がつくられた。麹菌はコメを分解してブドウ糖をつくりつづけ、そうこうするうちに舞い込んできた「家付き酵母」が増殖をはじめる。

生酛造りでは、この段階で、スタートからすでに一五日程度過ぎている。江戸時代の杜氏らは、微生物の働きとは知らないまま、重労働でコメをすったり、指先で温度を確認したりして、ひたすら桶の中のようすを覗《のぞ》き込み、見えざる酵母の活躍の舞台をつくっていたわけだ。

現在では、山卸も行われず、より簡略化した作業となっている。乳酸菌も自然界のものの増殖を待つのでなく、最初から人為的に高純度の乳酸を添加する「速醸酛《そくじょうもと》」が主流で、作業のスピードアップがはかられている。さらに、酵母も純粋培養されたものを一気に大量添加し、野生の酵母の入る余地をなくして、優良な酒母づくりが行われている。

なお、純粋培養の酵母も、もともとは良質な酒造りが行われていた蔵の醪などから分離し、培養したものだ。それぞれの特徴があり、たとえば、昭和二一年（一九四六）に宮坂醸造（長野県諏訪市）の「真澄《ますみ》」の醪から分離された酵母は「きょうかい七号」と名付けられ、「芳香があり、発酵力が強い」酵母として名高い。

また、熊本県酒造研究所（熊本市）の「熊本酵母」は、「芳香とふくらみのある味わい」が特徴の吟醸用酵母とされ、「きょうかい九号」として頒布されている。

＜仕込み＞

アルコールつくりの本番である醪づくりの工程だ。基本的には三回にわけて酒母に麹と蒸米・水を加える「三段仕込み」で行う。

一度に全部を入れてしまうと、酒母に含まれている乳酸が薄まり、酒母の中に雑菌が育ってしまう。また、酵母の密度も薄くなる結果、野生の酵母の侵入を許すことも心配される。そこで、三回にわけ、しかも仕込みの量を順に拡大するという方法をとっている。

一回目が「添《そえ》（初添とも）」。酒母の倍程度の麹と蒸米、そして水を投入する。翌日は「踊り」といって、仕込みは休むが、この間に酵母が増殖する。そして三日目にさらに倍程度の麹と蒸米、そして水を加える。これが「仲添《なかぞえ》」。四日目はさらに増やして「留添《とめぞえ》」。これで仕込みは終了する。

〈醪《もろみ》〉

酒母に麹と蒸米・水を仕込んだものが醪。仕込みのあとはかき混ぜ作業を続け、三週間ほどで完成する。

この間、醪のなかで同時に進行しているのが、麹による糖化と酵母による発酵だ。これを「並行複発酵《へいこうふくはっこう》」と呼び、アルコール度数は一八〜二〇パーセントになる（最終的には、この「原酒」に水を加えて一五〜一六パーセントに調整する）。

一方、醪の温度は一五度以下を維持する。酵母が好む二五度〜三〇度を大きく下回る温度で、じっくりと発酵を進める。吟醸酒の場合には、さらに低い一〇度以下の低温発酵により、酸が少なく香りのよい酒ができる。

なお、日本酒の「並行複発酵」に対し、すでに糖分の存在しているブドウを使うワイン造りは、酵母による発酵だけの「単発酵」と呼ばれている。

〈火入れ〉

発酵の終わったドロドロの醪は、圧搾機《あっさくき》にかけるなどの上槽《じょうそう》と濾過《ろか》を経て、澄んだ酒となる。残った固形分が酒粕だ。

このまま飲んでも旨いのだが、酒の品質を保つために、「火入れ」という作業が行われている。貯蔵前に一回、そしてビン詰めの前か後に一回、酒を七〇度近くまで加熱する。

酒の中に残存している酵素の働きを止め、火落ち菌と呼ばれる特殊な乳酸菌を殺菌するのが目的だ。何しろこの菌に汚染されると、酒が白濁して異臭を放つようなり、とても飲めるものではなくなってしまう（腐造）。

火入れを二回行うのが通常だが、やっていない酒もある。それも多少の違いがあり、それぞれ名称が異なる。
「生酒」…火入れを一切やらずに出荷された酒
「生詰酒」…貯蔵前の一回しか火入れをしていない酒
「生貯蔵酒」…ビン詰め時のみ火入れした酒

〈結局のところ〉

一キロのコメからどれくらいの日本酒ができるのか。

国税庁の平成二八年度（二〇一六）データによれば、純米酒の場合、全体で一万一四九八キロリットルが製造されている。これはアルコール度数一〇〇パーセント換算の数字だ。これに使用されたコメは精米後の重量で三万五三トンにのぼる。

ここから計算すると、コメ一キロで、度数一五パーセントの純米酒は二・六リットル、つまり一升ビン（一・八リットル）一・四本を造ることができる。

さらに、これが玄米の場合であれば、コメ一キロでおおよそ純米酒一本となる。

一方で日本人のコメ消費量は戦後減少しつづけ、現在、一人あたり年間六〇キロ程度。すると、ほぼ六日分のコメを費やして造るのが純米酒一本ということになる。

主食六日分である。心して飲み、そして存分に酔わねば罰があたるというものだ。

■日本酒造りの流れ

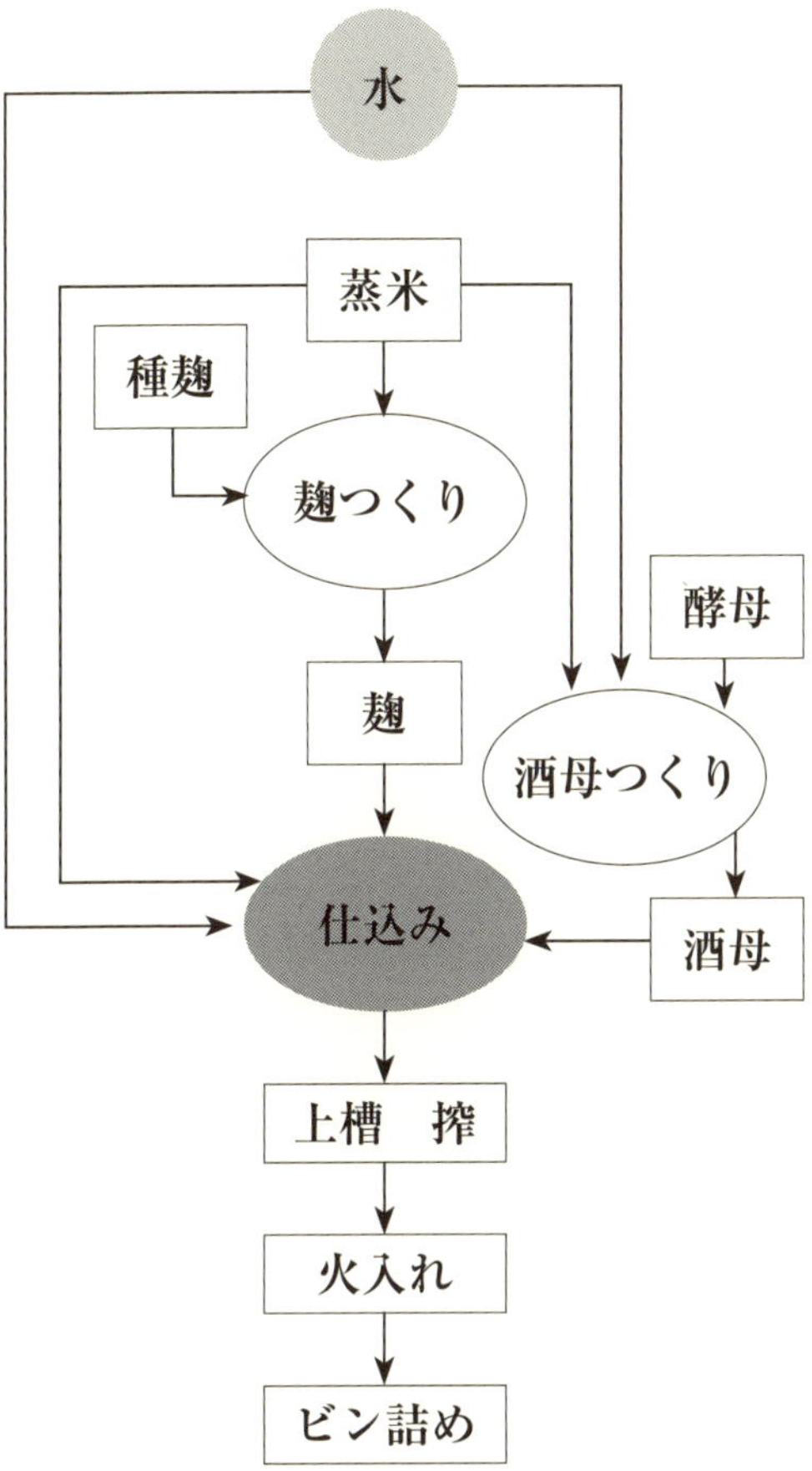

あとがき

酒好きが高じて書いた酒の本。長い長い日本の酒の文化史を、なんとか、たどり終えることができた。

根っからの日本酒好きだった。とくに燗酒《かんざけ》は何物にも代えがたい。二合ほど飲んで上着を脱げば、どんな相手とでも恩讐《おんしゅう》の彼方《かなた》で語り合える。自宅で独り飲むときも、手酌《てじゃく》の徳利で昼間の疲れもあっという間に吹き飛んでしまう。こんな素晴らしい飲み物はほかにない。

それにしても、居酒屋にはずいぶんと授業料を納めてきた。この授業料の成果を残したい。株式会社・加藤新聞舗（千葉県市川市）を経営する畏友の加藤憲一社長に相談したのが二〇一五年のこと。同社が発行する読売新聞の姉妹紙「市川よみうり新聞」の紙面の一角をお借りし、月一回のコラム「一夜一献」を書かせていただいてきた。そのコラムに思い切って修正を加え、さらに加筆したのが本書だ。

日本酒はどこから来て、いま、どこへ行こうとしているのか。かつて存在した分厚い日本酒ファン層を再結集させるような、本物の酒造りを目指してほしい。そんな願いを込めたつもりだ。

加藤社長に呼ばれると、テーブルの上にずらりと並んだ各地の日本酒の小ビン。「どこからでもどうぞ」と勧められるままに飲みはじめる。封を切るたびに列島各地の風が吹き、杯の酒を揺らす。これがまたおもしろい。談論風発、楽しい酒がますます進む。筆も一緒に進めばいいのだが、ほろ酔い気分のこの辺で、まずはお許し願うことにしよう。

今回、無事、出版することができたのは、やはり日本酒びいきの神田外語大学（佐野学園）の佐野元泰理事長と、そして敬文舎の柳町敬直社長のご支援あってのこと。この場をお借りして御礼申し上げ、杯ではなく、筆を置くことにしたい。

また、参考にさせていただいた主要な文献を次ページ以下に掲載した。記して感謝の意を表したい。

令和元年六月

横田　弘幸

●第1章●
藤森栄一『縄文農耕』（学生社、一九七〇年）
長沢宏昌「縄文の酒器」『縄文謎の扉を開く』（冨山房インターナショナル、二〇〇九年）
石毛直道編『論集 酒と飲酒の文化』（平凡社、一九九八年）
金関恕「倭人性酒を嗜む」『卑弥呼の食卓』（吉川弘文館、一九九九年）
加藤百一『日本の酒5000年』（技報堂出版、一九八七年）
原田勝二「飲酒様態に関する遺伝子情報」『日本醸造協会誌96巻4号』（二〇〇一年）
パトリック・E・マクガヴァン『酒の起源』（白揚社、二〇一八年）
小泉龍人「古代西アジアの酒」『西アジア考古学17』（日本西アジア考古学会、二〇一六年）
麻井宇介『比較ワイン文化考』（中公新書、一九八一年）

●第2章●
住江金之『酒』（西ヶ原刊行会、一九三〇年）
梅原猛『古事記』（学研M文庫、二〇〇一年）
篠田統『米の文化史』（社会思想社、一九七〇年）
佐藤洋一郎『稲の日本史』（角川ソフィア文庫、二〇一八年）
イザベラ・バード『イザベラ・バードの日本紀行（上）』（講談社学術文庫、二〇〇八年）
海野弘『酒場の文化史』（サントリー博物館文庫、一九八三年）
『峰山郷土史　上巻』（峰山町、一九八一年）

●第3章●
鄭大聲『食文化の中の日本と朝鮮』（講談社現代新書、一九九二年）
寒川旭『地震の日本史』（中公新書、二〇〇七年）
蔭山公雄「古代の酒造り」『日本醸造協会雑誌82巻第1号』（一九八七年）
北山茂夫『藤原道長』（岩波新書、一九七〇年）
大津透『日本の歴史6　道長と宮廷政治』（講談社学術文庫、二〇〇九年）
平川南監修『発見！古代のお触れ書き』（大修館書店、二〇〇一年）
義江明子『日本古代の祭祀と女性』（吉川弘文館、一九九六年）
柳田国男「孝子泉の伝説」『柳田国男全集15巻』（筑摩書房、一九九八年）
『琉球民話集』（琉球史料研究会、一九六〇年）

●第4章●
山崎正和『室町記』（講談社文庫、一九八五年）

桜井英治『日本の歴史12　室町人の精神』（講談社学術文庫、二〇〇九年）
『京都市埋蔵文化財研究所発掘調査報告2005-8』（財団法人・京都市埋蔵文化財研究所）
吉田元『京の酒学』（臨川書店、二〇一六年）
小野晃嗣『日本産業発達史の研究』（法政大学出版局、一九八一年）

●第5章●
小池喜明『葉隠』（講談社学術文庫、一九九九年）
三島由紀夫『葉隠入門』（新潮文庫、一九八三年）
北川央『大坂城と大坂の陣』（新風書房、二〇一六年）

●第6章●
読売新聞阪神支局編『宮水物語』（中外書房、一九六六年）
柚木学『酒造りの歴史』（雄山閣、二〇一八年）
柚木学『近世海運の経営と歴史』（清文堂出版、二〇〇一年）
嵐瑞澂『義民伝　市原清兵衛』（一九八一年）
吉田元『江戸の酒』（朝日選書、一九九七年）
鈴木久仁直『ちばの酒ものがたり』（千葉県酒造協同組合、一九九七年）
河村優『新しい伊能忠敬』（崙書房、二〇一四年）
古江亮仁『大師河原酒合戦』（多摩川新聞社、一九九八年）
『足立区立郷土博物館紀要第3号・特集千住の酒合戦と江戸の文人展』（足立区立郷土博物館、一九八七年）
飯野亮一『居酒屋の誕生』（ちくま学芸文庫、二〇一四年）

●第7章●
茶道資料館『平成30年秋季特別展　酒飯論絵巻』（茶道資料館、二〇一八年）
福住正兄筆記『二宮翁夜話』（岩波文庫、一九三三年）
泉山三六『トラ大臣になるまで』（東方書院、一九五三年）
尾佐竹猛『法曹珍話閻魔帳』（春陽堂、一九二六年）
井黒弥太郎『追跡黒田清隆夫人の死』（北海道新聞社、一九八六年）
幸田文ほか『増補　幸田文対話（上）』（岩波現代文庫、二〇一二年）
坂口謹一郎『酒学集成1』（岩波書店、一九九七年）
篠田次郎『吟醸酒への招待』（中公新書、一九九七年）
東京国税局鑑定指導室編『酒造教本』（日本醸造協会、一九九九年）

ほろ酔いばなし
酒の日本文化史

2019年7月22日　第1版 第1刷発行
2022年5月26日　第1版 第3刷発行

著　者　　横田 弘幸
発行者　　柳町 敬直
発行所　　株式会社 敬文舎
〒160-0023　東京都新宿区西新宿3-3-23
ファミール西新宿405号
電話　03-6302-0699（編集・販売）
URL　http://k-bun.co.jp
印刷・製本　　中央精版印刷株式会社

Printed in Japan　ISBN 978-4-906822-54-6